Эльчин Сафарли

Элчин Сафарли

когда я вернусь, будь дома

да и не проклятье ли — вечное, неизменное счастье?..

Издательство АСТ
Москва

УДК 821.161.1-31
ББК 84(2Рос=Рус)6-44
С21

Издательство благодарит литературное агентство
«Amapola Book» за содействие в приобретении прав.
http://amapolabook.com/

Редактор: *Анна Давыдова*

Фото на обложке: *Алена Мотовилова*
https://www.instagram.com/alen_fancy/

Фото автора на задней стороне обложки: *Дарья Норкина*
http://darianorkina.com/

Дизайн обложки: *Джамиль Асланов*

Сафарли, Эльчин.

С21 Когда я вернусь, будь дома: [роман] / Эльчин Сафарли. – Москва : Издательство АСТ, 2019. – 288 с. – (Бестселлеры Эльчина Сафарли).

ISBN 978-5-17-982889-1

Теперь я отчетливее ощущаю вечность жизни. Никто не умрет, и те, кто любил друг друга в одной жизни, непременно встретятся после. Тело, имя, национальность – все будет иным, но нас притянет магнитом: любовь связывает навсегда. А пока что я проживаю жизнь – люблю и, бывает, устаю от любви. Запоминаю мгновения, бережно храню в себе эту память, чтобы завтра или в следующей жизни обо всем написать.

УДК 821.161.1-31
ББК 84(2Рос=Рус)6-44

ISBN 978-5-17-982889-1

Моей семье

Иногда мне кажется, весь мир, вся жизнь, все на свете поселилось во мне и требует: будь нашим голосом. Я чувствую – ох, не знаю, как объяснить… Я чувствую, как это огромно, а начинаю говорить – выходит детский лепет. До чего трудная задача: передать чувство, ощущение такими словами, на бумаге или вслух, чтобы тот, кто читает или слушает, почувствовал или ощутил то же, что и ты.

Джек Лондон

Часть I

Мы все когда-то вылезли на свет божий из соленой купели, ибо жизнь началась в море.

И теперь мы не можем жить без нее. Только теперь мы отдельно едим соль и отдельно пьем пресную воду. Наша лимфа имеет такой же солевой состав, как и морская вода. Море живет в каждом из нас, хотя мы давным-давно отделились от него.

И самый сухопутный человек носит в своей крови море, не зная об этом.

Наверное, потому так тянет людей смотреть на прибой, на бесконечную череду валов и слушать их вечный гул.

Это голос давней родины, это зов крови в полном смысле слова.

Виктор Конецкий

1

Не придумывай себе ад

Досту,

тут круглый год зима. Колкий северный ветер – он часто ворчит низким голосом, но, бывает, переходит на крик – не выпускает из плена белесую землю и ее жителей. Многие из них с рождения не покидали этих краев, гордясь своей преданностью. Есть и те, кто из года в год убегает отсюда на другой берег океана. В основном шатенки с яркими ногтями.

В последние пять дней ноября, когда океан смиренно отступает, склоняя голову, они – с чемоданчиком в одной руке, с детьми в другой – спешат к причалу, закутавшись в коричневые плащи-мантии. Дамы – из тех, что преданы родине, – сквозь щели закрытых ставень провожают взглядом беглянок, ухмыляются – то ли из зависти, то ли от мудрости. «Придумали себе ад. Обесценили свою землю, полагая, что лучше там, куда еще не добрались».

Нам с твоей мамой тут хорошо. Вечерами она читает вслух книги о ветрах. Торжественным голосом, с гордым видом причастной к волшебству. В такие минуты Мария напоминает ведущих прогноза погоды.

«...Скорость достигает двадцати – сорока метров в секунду. Дует постоянно, охватывая широкую полосу побережья. По мере движения восходящих потоков ветер наблюдается на все более значительной части нижней тропосферы, поднимаясь вверх на несколько километров».

На столе перед ней стопка библиотечных книг и чайник липового чая, заваренного с сушеной апельсиновой коркой. «За что ты любишь этот неугомонный ветер?» – спрашиваю. Возвращает чашку на блюдце, перелистывает страницу. «Он напоминает меня молодую».

Когда темнеет, на улицу почти не выхожу. Отсиживаюсь в нашем доме, где пахнет ройбушем, размягченной глиной и печеньем с малиновым джемом, твоим любимым. Оно всегда у нас есть, мама твою порцию убирает в шкаф: вдруг ты, как в детстве, вбежишь из знойного дня на кухню за базиликовым лимонадом и печеньем.

Не люблю темное время суток и темную воду океана – они гнетут тоской по тебе, Досту. Дома, рядом с Марией, мне легче, становлюсь к тебе ближе.

Не буду тебя расстраивать, расскажу о другом.

По утрам, до обеда, мама трудится в библиотеке. Книги тут – единственное развлечение, все остальное почти недоступно из-за ветра, сырости и характера местных жителей. Есть танцевальный кружок, но туда мало кто ходит.

Я работаю в пекарне недалеко от дома, вымешиваю тесто. Вручную. Мы с Амиром, моим компаньоном, печем хлеб – белый, ржаной, с оливками, вялеными овощами и инжиром. Вкусный, тебе бы понравился. Не используем дрожжи, только натуральную закваску.

Досту, печь хлеб – подвиг трудолюбия и терпения. Это не так просто, как кажется со стороны. Не представляю себя без этого дела, я словно и не был человеком цифр.

Скучаю. Папа

2

Нам так много дано, а мы не ценим

Досту,

хочу познакомить тебя с теми, кто тут, подчас сам того не ведая, делает нас лучше. Разве имеет значение, что нам под семьдесят! Жизнь – постоянная работа над собой, которую никому не поручишь, и от нее, бывает, устаешь. Но знаешь, в чем секрет? В дороге каждый встречает тех, кто добрым словом, молчаливой поддержкой, накрытым столом помогает часть пути пройти легко, без потерь.

У Марса с утра хорошее настроение. Сегодня воскресенье, мы с Марией дома, на утреннюю прогулку пошли все вместе. Оделись потеплее, захватили термос с чаем, двинулись к заброшенному причалу, где в тихую погоду отдыхают чайки. Марс не распугивает птиц, ложится неподалеку и мечтательно на них поглядывает. Сшили ему теплую одежку, чтобы пузо не застудил.

Я спросил Марию, почему Марс, совсем как человек, любит наблюдать за птицами. «Они абсолютно свободны, по крайней мере, нам так кажется. А еще птицы подолгу могут быть там, где не важно, что произошло с тобой на земле».

Прости, Досту, заговорился, чуть не забыл познакомить тебя с Марсом. Наш пес – помесь таксы и дворняги, взяли его из приюта недоверчивым и запуганным. Отогрели, полюбили.

У него грустная история. Марс несколько лет провел в темном чулане, хозяин-нелюдь ставил над ним жестокие эксперименты. Психопат умер, а еле живую собаку обнаружили соседи, передали волонтерам.

Марс не может оставаться один, особенно в темное время суток, скулит. Вокруг него должно быть как можно больше народу. Беру его с собой на работу. Там, и не только, Марса любят, хоть он и угрюмый малый.

Почему мы назвали его Марсом? Из-за огненно-коричневой шерсти и характера, такого же сурового, как природа этой планеты. К тому же он хорошо чувствует себя на морозе, с удовольствием барахтается в сугробах. А планета Марс богата залежами водяного льда. Улавливаешь связь?

Когда мы возвращались с прогулки, снег усилился, провода покрылись белыми наростами. Одни прохожие радовались снегопаду, другие бранились.

Досту, как же важно не мешать друг другу творить волшебство, пусть и маленькое. У каждого оно свое – на листе бумаги, на кухне за приготовлением супа из красной чечевицы, в провинциальной больнице или на сцене притихшего зала.

Немало и тех, кто творит волшебство про себя, без слов, опасаясь выпустить его наружу.

Нельзя ставить под сомнение таланты ближнего; не стоит задергивать шторы, мешая кому-то наблюдать, как творит волшебство природа, заботливо укрывая крыши снегом.

Людям так много дается даром, а мы не ценим, думаем об оплате, требуем чеки, копим на черный день, упуская красоту настоящего.

Скучаю. Папа

3

Не забывай, куда плывет твой корабль

Досту,

наш белый дом стоит в тридцати четырех шагах от океана. Он много лет пустовал, дорожки к нему покрыты толстым слоем льда; дымоход был забит песком, перьями чаек, мышиным пометом; печь и стены стосковались по теплу; сквозь заиндевевшие оконные стекла океан вообще не читался.

Местные жители побаиваются дома, называя его «мечес», что переводится как «заражающий болью». «Те, кто в нем поселялся, попадали в тюрьму собственных страхов, сходили с ума». Глупые доводы не остановили нас от переезда в дом, в который влюбились, едва ступив на порог. Быть может, для кого-то он стал тюрьмой, для нас – освобождением.

Переехав, первым делом растопили печь, заварили чай, а наутро перекрасили отогревшиеся за ночь стены. Мама выбрала цвет «звездная ночь», что-то среднее между лавандовым и фиалковым. Нам он понравился, мы даже не стали развешивать по стенам картины.

Зато полки в гостиной заставлены детскими книгами, которые мы читали с тобой, Досту.

Помнишь, мама тебе говорила: «Если все наперекосяк, возьми в руки хорошую книгу, она поможет».

Издали наш дом сливается со снегом. Утром с вершины холма видны лишь бесконечная белизна, зеленоватая вода океана и коричневые отметины ржавых боков Озгюра. Это наш друг, знакомься, кладу в конверт его фотографию.

Для чужого это состарившееся рыболовное судно. Для нас – тот, кто напомнил, как важно с достоинством принимать перемены. Когда-то Озгюр блистал на могучих волнах, разбрасывая сети, теперь, усталый и смиренный, живет на суше. Он рад, что жив и может, хотя бы издали, видеть океан.

В каюте Озгюра я нашел ветхий бортовой журнал, исписанный занятными мыслями на местном наречии. Кому принадлежат записи, неизвестно, но я решил, что так беседует с нами Озгюр.

Вчера спросил Озгюра, верит ли он в предопределенность. На третьей странице журнала получил ответ: «Нам не дана воля управлять временем, но только мы решаем, чем и как его наполнить».

В прошлом году сотрудники муниципалитета хотели отправить Озгюра на металлолом. Если бы не Мария, баркас бы погиб. Она перетащила его на наш участок.

Досту, прошлое и будущее не так важны, как настоящее. Этот мир – как ритуальный танец суфиев сема: одна рука повернута ладонью к небу, принимает благословение, другая – к земле, делится полученным.

Сохраняй молчание, когда все говорят, говори тогда, когда слова твои про любовь, даже сквозь слезы. Научись прощать тех, кто рядом, – так найдешь дорогу к прощению себя. Не суетись, но не забывай, куда плывет твой корабль. Может, он сбился с курса?..

Скучаю. Папа

4

Жизнь – это просто путь. Наслаждайся

Досту,

когда мы с чемоданами подъезжали к этому городу, единственную к нему дорогу накрыла вьюга. Свирепая, слепящая, густо-белая. Ничего не видно. Стоявшие по обочинам сосны в порывах ветра хлестали машину, которую и без того опасно раскачивало.

За день до переезда заглянули в метеосводку: никаких намеков на бурю. Началась так же неожиданно, как прекратилась. Но в те мгновения казалось, что конца ей не будет.

Мария предложила вернуться. «Это знак, что сейчас не время ехать. Разворачивайся!» Обычно решительная и спокойная, мама вдруг запаниковала.

Я чуть было не сдался, но вспомнил, что будет за препятствием: полюбившийся белый дом, океан с необъятными волнами, аромат теплого хлеба на липовой доске, «Тюльпановое поле» Ван Гога в рамке на камине, морда Марса, дожидающегося нас в приюте, и еще много прекрасного, – и нажал на педаль газа. Вперед.

Вернись мы тогда в прошлое, многое бы упустили. Не было бы этих писем. Именно страх (а не зло, как часто полагают) не дает раскрыться любви. Так же, как волшебный дар может стать проклятьем, страх приносит разрушение, если не научиться им управлять.

Досту, как же интересно принимать жизненные уроки, когда возраст далеко не юный. Великое невежество человека – в его уверенности, что он все прочувствовал и пережил. Это (а не морщины и седина) – самые настоящие старость и смерть.

У нас есть друг, психолог Жан, познакомились в приюте. Мы забирали Марса, а он – бесхвостого рыжего кота. Недавно Жан опрашивал людей, довольны ли они своей жизнью. Большинство ответили положительно. Тогда Жан задавал следующий вопрос: «Хотите ли вы прожить, как живете, еще двести лет?» Респондентам перекашивало лица.

Люди устают от самих себя, пусть и радостных. Знаешь, почему? Они всегда ждут чего-то взамен – от обстоятельств, веры, поступков, любимых. «Это просто путь. Наслаждайтесь», – улыбается Жан и приглашает нас к себе на луковый суп. Договорились на следующее воскресенье. Ты с нами?

Скучаю. Папа

5

Мы все очень нужны друг другу

Досту,

луковый суп удался на славу. Интересно было следить за приготовлением, особенно – за моментом, когда натертые чесноком гренки Жан положил в горшочки с супом, посыпал грюйером и – в духовку. Через пару минут мы наслаждались soupe à l'oignon. Запивали белым вином.

Мы давно хотели попробовать луковый суп, но как-то не доводилось. С трудом верилось, что это вкусно: воспоминания о школьном бульоне с крупно нарезанным вареным луком не вызывали аппетита.

«По-моему, сами французы забыли, как правильно готовить классический soupe à l'oignon, и постоянно придумывают новые рецепты, один вкуснее другого. На самом деле главное в нем – карамелизация лука, которая получится, если брать сладкие сорта. Добавлять сахар – крайность! И, конечно, важно, с кем вы разделяете трапезу. Французы не едят лукового супа в одиночестве. „Для этого он слишком теплый и уютный", – говорила моя Изабелль».

Так звали бабушку Жана. Он был мальчиком, когда родители погибли в автокатастрофе, его воспитала Изабелль. Это была мудрая женщина. В день ее рождения Жан варит луковый суп, собирает друзей, с улыбкой вспоминает детство.

Жан из Барбизона, города на севере Франции, куда со всего мира приезжали художники писать пейзажи, в том числе Моне.

«Изабелль научила меня любить людей и помогать тем, кто не таков, как все. Может, потому, что такие люди в нашей тогда еще деревушке на тысячу жителей выделялись, и им приходилось чересчур тяжко. Изабелль объясняла мне, что „нормальные“ – это вымысел, выгодный власть предержащим, так они якобы демонстрируют нашу ничтожность и несоответствие вымышленному идеалу. Людьми, которые считают себя ущербными, легче управлять... В школу Изабелль провожала меня со словами: „Надеюсь, и сегодня ты встретишь себя уникального“».

...Это был волшебный вечер, Досту. Пространство вокруг нас наполнилось прекрасными историями, аппетитными ароматами, новыми оттенками вкуса. Мы сидели за накрытым столом, радио пело голосом Тони Беннетта “Life is beautiful”; в ногах сопели переевший Марс и рыжий тихоня Матис. Нас наполняло светлое умиротворение – жизнь продолжается.

Жан вспоминал Изабелль, мы с Марией – своих бабушек и дедушек. Мысленно говорили им спасибо и просили прощения. За то, что, взрослея, все меньше нуждались в их заботе. А они все равно любили, ждали.

Досту, в этом странном мире мы все очень нужны друг другу.

Скучаю. Папа

6

Наша единственная задача – любить жизнь

Досту,

у тебя наверняка случаются дежавю. Жан объясняет эти вспышки реинкарнацией: бессмертная душа в новом воплощении вспоминает то, что ощущала в предыдущем теле. «Так Вселенная подсказывает, что не надо бояться земной смерти, жизнь вечна». Сложно в это поверить.

За последние лет двадцать дежавю со мной не случалось. Зато вчера я ощутил, как точно повторилось мгновение моей молодости. Под вечер разыгралась буря, и мы с Амиром завершили дела раньше обычного: он поставил опару для утреннего хлеба, я потушил яблоки с корицей для слоек. Новинка нашей пекарни, полюбившаяся клиентам. Слоеное тесто готовится быстро, поэтому обычно с вечера делаем только начинку.

К семи пекарню заперли.

В задумчивости шел я домой вдоль бушующего океана. Вдруг по лицу хлестнула колючая вьюга. Защищаясь, я закрыл глаза и неожиданно перенесся в воспоминания пятидесятилетней давности.

Мне восемнадцать. Война. Наш батальон обороняет границу на горе с хребтом длиной в семьдесят километров. Минус двадцать. После ночного наступления нас осталось мало. Несмотря на ранение в правое плечо, не могу бросить пост. Еда закончилась, вода на исходе, приказ – дожидаться утра. Подкрепление в пути. В любой момент враг может выкосить остатки батальона.

Замерзший и обессилевший, временами почти теряя сознание от боли, я стоял на посту. Буря свирепствовала, не утихая, хлестала меня со всех сторон.

Досту, тогда я впервые познал отчаянье. Медленно, неотвратимо оно овладевает тобой изнутри, и ты не можешь ему сопротивляться. В такие минуты даже на молитве не сосредоточиться. Ждешь. Спасения или конца.

Знаешь, что меня тогда удержало? История из детства. Прячась под столом на одной из взрослых посиделок, я услышал ее от бабушки Анны. Работая медсестрой, она пережила блокаду Ленинграда.

Бабушка вспоминала, как однажды во время длительного обстрела повариха в бомбоубежище варила на горелке суп. Из того, что смогли собрать: кто картофелину дал, кто луковицу, кто горстку крупы из довоенных запасов. Когда было почти готово, она сняла крышку, попробовала, подсолила, вернула крышку на место: «Еще пять минуточек, и готово!» Истощенные люди стали в очередь за похлебкой.

Но есть тот суп они не смогли. Оказалось, что в него попало хозяйственное мыло: повариха не заметила, как оно прилипло к крышке, когда положила ее на стол. Еда была испорчена. Повариха расплакалась. Никто не заикнулся, не упрекнул, не взглянул с укором. В тяжелейших обстоятельствах люди не теряли человечности.

Тогда, на посту, я снова и снова вспоминал эту историю, рассказанную голосом Анны. Выстоял. Настало утро, подоспела подмога. Меня увезли в госпиталь.

Досту, человеку не дано полностью познать жизнь, как бы он ни пытался. Нам кажется, мы понимаем, что, как и почему устроено. Но каждый новый день его серпантины и развязки доказывают обратное – мы всегда за партой. И единственная задача – любить жизнь.

Скучаю. Папа

7

Я буду тебя ждать сколько понадобится

Досту,

когда я познакомился с твоей мамой, она была замужем. Ей двадцать семь, мне тридцать два. Сразу признался ей в своих чувствах. «Буду вас ждать сколько понадобится». Продолжал приходить в библиотеку, где она работала, брал книги, но и только. Ждал Марию четыре года, хотя она не обещала, что придет.

Позже узнал: она думала, я остыну, переключусь на другую. Но я был непреклонен. Это не любовь с первого взгляда, а минута, когда видишь человека и понимаешь: вот он – тот самый. В первую же нашу встречу я решил, что эта девушка с каштановыми волосами будет моей женой. Так и случилось.

Я ждал ее саму, но ничего не ждал от нее. Ни того, что она родит мне детей и наполнит уютом дом; ни того, что продолжит идти по дороге, которая нас свела. Глубокая уверенность, что мы будем вместе при любых обстоятельствах, отметала все сомнения.

Встреча с Марией – это отсутствие колебаний даже тогда, когда казалось, что надежды нет.

Я знал, что наши жизни пересекутся, не переставал в это верить, хотя поводов усомниться было предостаточно.

Встречи со своим человеком достоин каждый, но не у всех она случается. Одни не дают окрепнуть воле и теряют веру, другие, разочаровавшись, замечают только неудачный опыт прошлого, а кто-то и вовсе не ждет, довольствуясь тем, что есть.

Твое рождение укрепило нашу с Марией связь. Это был еще один подарок Судьбы. Мы настолько были увлечены друг другом и работой (любовь есть прекрасное соединение дружбы и страсти), что мысль о ребенке не приходила нам в голову. И вдруг жизнь послала нам чудо. Тебя. Наши души и тела соединились, слились в одно целое, и общим стал путь. Мы как могли старались любить, оберегать тебя, однако без ошибок не обошлось.

Помню, как Мария, укачивая тебя, переживала: «В ней все так быстро меняется, что я как никогда раньше мечтаю остановить время». Ничто не дарило нам большего счастья, чем видеть, как ты, сонная кроха, открываешь глаза, смотришь на нас и улыбаешься тому, что мы — твои папа и мама.

Досту, барьеры на пути к счастью — иллюзия подсознания, страхи — пустые треволнения, а мечта — наше настоящее. Она и есть реальность.

Скучаю. Папа

8

Безумие наполовину состоит из мудрости, мудрость – из безумия

Досту,

еще недавно в нашей пекарне работал Умид, добродушный парнишка-бунтарь. Он разносил выпечку по домам. Клиенты его любили, особенно старшее поколение. Он был услужлив, хотя и редко улыбался. Умид напоминал меня лет в двадцать – вулкан внутреннего протеста, вот-вот прорвется наружу.

Умид воспитывался в католической школе, мечтал стать священником. В пору взросления бросил учебу, ушел из дома. «Многие верующие выдают себя за тех, кем не являются».

Позавчера Умид сообщил, что увольняется. Переезжает.

«Не хочу жить в этом проклятом городе. Осточертело называть его уродство уникальностью, а лицемерие общества – свойством менталитета. Вам, приезжим, не видно, насколько тут все прогнило. И вечная зима – не особенность географического положения, а проклятье. Посмотрите на наше правительство, оно только и делает, что разглагольствует о любви к родине. Если заговорили о патриотизме, значит, проворовались. Но мы сами виноваты: когда они себя избирали, мы с попкорном сидели у телевизора».

Амир уговаривал Умида хорошенько подумать, я отмалчивался. Прекрасно помню себя подростком – меня ничто не могло остановить. Импульсивные решения помогли сдвинуться с места.

Досту, ты знала, что мой дедушка Барыш был учителем в духовной семинарии? Мы с ним не раз беседовали о Боге. Я ощущал над собой высшую силу, но религиозные догмы вызывали во мне отторжение.

Однажды, взбудораженный спокойной реакцией Барыша на очередную школьную несправедливость, я выпалил: «Деда, чушь, что все и всегда вовремя! Наша воля слишком многое определяет. Не существует ни чуда, ни предопределенности. Все – только воля».

Барыш похлопал меня по плечу. «Твои слова подтверждают, что у каждого свой способ идти по жизни. Лет сорок назад я согласился бы с тобой безоглядно, теперь же понимаю, что Всевышний неизменно рядом и что все именно в Его воле. А мы лишь дети – кто настойчив, созидателен, целеустремлен, кто, напротив, чистый созерцатель. Однако мы таковы, какими видимся свыше».

Тогда слова деда показались мне выдумкой, однако с годами все чаще к ним обращался. Не от желания найти успокоение в высшем, а от осознания того, что в этом мире все в равновесии: безумие наполовину состоит из мудрости, мудрость – из безумия.

Умида уговорить не удалось. Ему нужно было уехать, чтобы понять: порой невозможно не любить людей, даже если они видятся плохими.

Скучаю. Папа

9

Забудь о времени, и всё сложится

Досту,

сегодня у меня наконец получился литовский хлеб. Которую неделю пробовал его испечь – не удавалось. То слишком сладкий, то чрезмерно кислый. В этом хлебе изначально высокая кислотность, которую уравновешивают медом, – вот я и не мог найти золотую середину. Не давалась и расстойка теста – из трещин в готовом батоне выпирал мякиш.

Амир пояснил, что тесто по литовскому рецепту чувствительно, требует полной вовлеченности в процесс. Во время замеса нельзя отвлекаться. «Забудь о времени, и всё сложится». Попробовал. Хлеб вышел отменным, цельным, на вид шоколадно-аппетитным. На второй-третий день стал получаться еще вкуснее. Тебе бы понравился, Досту.

Причина наших разочарований часто в том, что нас нет в настоящем, мы заняты воспоминаниями или ожиданием.

Я всегда тебя торопил, дочь. Прости. Мне хотелось, чтобы ты успела как можно больше. Может, из-за того, что в своем детстве я многое упустил? Послевоенное время, заново отстраивали школы и библиотеки. Во мне жило столько желаний – учиться, узнавать, постигать, – но возможностей не было.

Боялся, что ребенок повторит мою судьбу.

Мучил тебя спешкой, тогда как с малых лет у тебя свой особенный ритм. Поначалу тревожила твоя медлительность, потом заметил: Досту все успевает.

Помнишь, как Лиза Бруновна, учитель начальных классов, назвала тебя «мудрой черепашкой»? Ты не обиделась. Наоборот, улыбнулась, попросила нас на день рождения подарить тебе аквариумную черепашку, чтобы назвать ее своим именем.

Ты учила нас с Марией ценить мгновение. Мы этого не понимали, работали, как загнанные лошади, старались успеть все и сразу. Нам нужно было расстаться с тобой, столкнуться с пустотой, переехать сюда, чтобы осознать – пропасть лет мы не оставляли себе времени остановиться и почувствовать, как многое проскальзывает у нас меж пальцев: тишина, покой, переходы из одного состояния в другое.

Тут, в Городе вечной зимы, есть народная мудрость: «Никого нельзя привести туда, куда он сам еще не дошел».

Недавно вычитал, что обычно люди отождествляют себя исключительно с действием: стремятся забыть о смерти, точнее, о своем перед ней страхе. Погоня за новыми достижениями, впечатлениями помогает уйти от печальных мыслей.

Убегать бесполезно! Страх будет нарастать, давить до тех пор, пока не посмотришь ему в глаза. А как посмотришь – поймешь, что страшного нет.

Скучаю. Папа

10

Я так хочу обнять тебя

Досту,

среди написанных тебе писем есть те, что не решаюсь отправить. Они на такой же бумаге, в таких же конвертах, как остальные, но о другом. Об отчаянье. Я его не стесняюсь, однако не хочу, чтобы ты прочла, как порой твой отец... не верит.

Отчаянье называют последним и главным инструментом дьявола, он использует его против самых стойких, когда предыдущие методы – гордыня, ревность, ненависть – бессильны.

Может, так оно и есть, но я уверен: нет людей, не переживающих по временам отчаянье. Однако оно отступает, лишь стоит принять, что жизнь невозможна без печалей, потерь и что они преходящи.

Когда накатывает хандра, задерживаюсь на работе, замешиваю тесто для булочек. Прихожу домой, когда Мария спит. Переодеваюсь, выгуливаю Марса, дожидаюсь утра и возвращаюсь в пекарню, чтобы отвезти выпечку в ближайшие детские дома. Эти поездки помогают развеять ощущение бесполезности прожитых дней.

В молодости я заливал отчаянье алкоголем, прятался от него в шумных компаниях за завесой сигаретного дыма. Легче не становилось. Тогда выбрал уединение. Помогло.

Когда ты ушла, отчаянье стало приходить чаще, задерживаться дольше. Тяжело. Только бы твоя мама не почувствовала. Хотя порой мне кажется, она сама держится изо всех сил.

О чем мое отчаянье? О разном. О родителях, безжалостно отобранных войной. О голоде и смерти ни в чем не повинных детей. О книгах, сгорающих вместе с домами. О человечестве, не извлекающем уроков из повторяющихся ошибок. О людях, которые загоняют себя в одиночество, как только перестают делиться с окружающими своим теплом.

Мое отчаянье о том, что я не могу обнять тебя, дочь.

Я обязательно напомню себе (не будет ли это обманом?), что могу обнимать тебя в воспоминаниях, что материальный мир – не преграда для любящих друг друга душ. Буду утешать этим Марию, когда увижу, как она плачет над твоей фотографией. Но сейчас мне ни во что не верится – ношу в себе боль, протест. Быстрыми шагами брожу по берегу или пеку хлеб.

Мне нравится возиться с тестом, Досту. Ощущать его живое тепло, вдыхать аромат хлеба, хрустеть звонкой коркой. Знать, что испеченное мной съедят дети. Девочка с такими же веснушками, как у тебя. Эта мысль в отчаянные дни дает сил вернуться домой и жить дальше.

Скучаю. Папа

11

Живое не может оставаться неизменным

Досту,

в полдень побывали с Амиром в мечети. Сегодня день рождения его родителей. Они и умерли в один день, с разницей в три года. Похоронены на родине Амира, в деревушке с плантациями шершавой айвы.

Мой друг скучает по родителям и всему тому, что оставил на родной земле. Там седьмой год война между правительственными войсками и отрядами вооруженной оппозиции. Последние узаконили на подконтрольных им территориях рабство – и это теперь, в двадцать первом веке!

«Не могу вернуться из-за войны, да и жена с детьми против. Все кладбища в деревне разбомбили, людям негде навещать покойных. Хожу в мечеть, хотя не религиозен. Тут слышу голоса отца и матери четче, чем где-либо еще».

С возрастом человек задумывается о том, что последует за смертью. Согласно исламу, каждого мусульманина ждет новая жизнь на небесах или в аду. Зависит от того, как прожил – праведно или грешно. Спрашиваю

Амира, верит ли в загробную жизнь. «Не особо. И рай, и ад – на земле, как и все награды, наказания. Думаю, каждый там получит то, во что верил тут».

Пока Амир был в мечети, я прогулялся вокруг. Ожидавшие родителей дети играли в снежки, на их гомон с высоковольтных проводов слетали воробьи и кружились над малышней. Наш город прекрасен. Круглый год укутанный снегом, он и сам, как снег, – холоден, бел, красив.

На заднем дворе – каменные надгробья. Раньше тут хоронили духовных лидеров, считалось почетным быть погребенным у мечети. Я смотрел на могилы и думал, что жить здесь и сейчас все же самая верная форма бытия. Мы гости в этом мире, и у нас мало времени.

...Амир – человек удивительного спокойствия, и внешнего, и внутреннего. Он младше меня на двадцать шесть лет, но его реакция на происходящее проста, смиренна, без бунта, громких вопросов – у меня так не всегда получается. Он созерцателен, но небезразличен.

Повседневность Амира проходит в одних и тех же действиях: он просыпается в полпятого утра, заваривает кофе с кардамоном, готовит завтрак для домашних, уходит в пекарню, в обеденный перерыв играет на гитаре, вечером возвращается домой, плотно ужинает (на первое обязательно суп из оранжевой чечевицы), читает детям и ложится спать. На следующий день все повторяется.

Столь предсказуемый распорядок мне кажется скучным. Амир счастлив. Без объяснений, сравнений. Он долго шел к этому – жить в гармонии с собой, наслаждаться любовью к тому, что построил.

«Я много лет прожил на поводу у родительских желаний. Они были против „возни с тестом“. А я безумно любил пекарский труд, часами напролет наблюдал, как мама готовит лепешки с анисом или пирог из кукурузной муки. Отец поколачивал за такой интерес, таскал на скотобойню, хотел, чтобы я продолжил его дело».

Амира женили на троюродной сестре. Они прожили девять месяцев, девушка скончалась от малярии. «Не смог отцу с матерью сказать „нет“». Чувствовал себя обязанным».

После смерти родителей Амир снова женился: на девушке, которую любит всем сердцем.

Из-за войны пришлось покинуть деревню. Город вечной зимы принял Амира, тут он открыл пекарню, растит дочерей-близняшек.

Досту, перемены, пусть самые кардинальные, – лучшая приправа к жизни. Без них никак. Живое не может оставаться неизменным.

Скучаю. Папа

12

Притяжение между нами живет своей жизнью

Досту,

тут случаются и теплые дни. Как по расписанию, двадцатого марта выглядывает первое яркое солнце, в честь которого проводят праздник. Его главное угощение – матахари. Золотистого цвета изюмные булочки со сливочным вкусом. Вначале решил, что выпечка названа в честь танцовщицы. Оказывается, она ни при чем. Матахари на малайском языке означает «солнце».

Местные хозяйки называют булочки благословенными – они у всех получаются с первого раза. И нам с Амиром матахари сразу дались. Может, рецепт простой или они действительно благословенны – каждый выбирает свой ответ.

Дочь, кратко изложу рецепт, если вздумаешь испечь. Или милости прошу к нам в пекарню.

Взбиваешь сливочное масло и коричневый сахар, вливаешь стакан сливок, медленно вводишь триста граммов муки, щепотку соли, разрыхлитель. Вымешиваешь, добавляешь изюм, молоко и еще столько же муки.

Готовое тесто раскладываешь на столе пластом и формочкой вырезаешь кружочки. Противень застели пекарской бумагой, выложи булочки, смажь взбитым яичным желтком и в духовку на полчаса при температуре сто девяносто градусов.

Уверен, матахари тебе понравятся, особенно на завтрак.

Представил, как ты замешиваешь тесто, пробуешь его мизинцем, как достаешь горячий противень, открываешь окно, за которым весна, и запах выпечки смешивается с ароматом цветущего абрикосового дерева... Скучаю.

Досту, когда тебя не стало, мы с мамой разошлись. Именно разошлись, а не расстались. Есть такие союзы, в которых расставание невозможно. Двоих связывает столько всего – радость и горе, обретения и потери, – что притяжение между ними живет своей жизнью и связывает их пуповиной, которую не перерезать.

Наш союз именно такой, хотя тогда мы этого не понимали.

Боль потери вросла в нас и так усилилась, что не оставила места другим чувствам. Быть рядом, как ни странно, было еще больнее: мы оба считали себя виноватыми.

Однажды утром не нашел Марию дома. Она исчезла, оставив записку под твоей фотографией.

«Я не могу сейчас ничего сделать, кроме как уехать. Мне нужно время, не волнуйся. Мария».

Сначала я растерялся, потом разозлился, затем возненавидел себя за то, что, погрузившись в свои переживания, упустил момент, когда нужен был твоей маме.

Она вернулась спустя полтора месяца. За это время немало изменилось во мне, в нас. Сейчас я благодарен ей за смелость взять передышку, которая помогла нам принять боль, не обвиняя себя.

Боль не прошла, изменилось к ней отношение. Теперь она занимает меньше пространства, освободив место для того, что никогда нас с Марией не покидало, — желания любить.

Скучаю. Папа

13

Каждый новый день, вопреки трудностям, можно сделать незабываемым

Досту,

мы не читаем новостей про страну, из которой уехали. Огорчает происходящее там. Наши бывшие соотечественники всё толкуют об одном – недовольстве правящим режимом, демократии, свободных выборах.

Воистину ли они хотят свободы? Ведь свобода – это ответственность, а к ответственности там мало кто готов. Да и свобода возможна лишь в той стране, которая развивается поступательно, без диких провалов.

Мария уже не верит в существование идеального общества, где есть и справедливость, и демократия. «По-детски хочется надеяться, что там, наверху, виднее, почему судьбы людей складываются так. Жизнь коротка. Надо делать то, что любишь, совершать хорошее и меньше смотреть новостные передачи, от них бессонница».

Кстати, есть радостные новости. Жан познакомил нас со своей невестой. Ее зовут Дарьей, она тоже психолог. Очаровательная барышня. Они влюбились друг в друга в Санкт-Петербурге на мероприятии, посвященном инклюзивному образованию детей-аутистов.

У Дарьи растет сынишка Леон, аутист. Жан перевез обоих сюда. Вчера мы все вместе вышли на воскресную прогулку. Ты бы видела, как сдружились Леон с Марсом!

Они бежали впереди, уворачиваясь от набегающих волн. Леон останавливался, смотрел на встревоженных чаек и, размахивая руками, как крыльями, пытался взлететь. Марс подыгрывал, задирал нос к небу, подскакивая на задних лапах.

Когда малыш подходил к нему ближе потрепать за уши, пес замирал, боялся пошевелиться, только бы не спугнуть мальчугана. Удивительно, как Марс выдержан с детьми. Обычно он не сразу подпускает к себе чужих, не всем дает себя гладить.

Я наблюдал за ними, в голове звучала “It’s impossible” Синатры. «Может ли океан удержаться от стремительного движения к берегу? Совершенно невозможно». Люди приходят на землю ради одной цели – научиться любить. Собаки это с рождения умеют, поэтому живут меньше нас.

Дети-аутисты непредсказуемы, никогда не знаешь, как себя поведут. Сегодня он играет с собакой, завтра побоится к ней подойти, потому что встреча произошла не на привычном океанском берегу, а, например, на лестничной клетке.

«Раньше я напрягалась, находясь с Леоном в людном месте – поскольку опасалась его неоднозначной реакции на самые обычные явления, например, на звук закрывающихся дверей автобуса. Сейчас мне все равно, кто что подумает. Когда Леон растерян или взбудоражен, обнимаю его, тихонько объясняю ситуацию. И он меня слышит», – ласково смотрит на сына Дарья.

Жан рассказал, что во многих странах аутизм по-прежнему лечат психотропными препаратами, и это недопустимо, но зато появляется все больше школ, в которых аутисты учатся с обычными детьми.

Детям с ментальными расстройствами, так же как и здоровым, хочется понять мир, стать его частью, просто они это делают немного иначе.

Каждое утро – возможность увидеть, узнать новое. Начало и продолжение невероятного приключения, Досту. Каждый новый день, вопреки трудностям, можно сделать незабываемым. И от этого захватывает дух.

Скучаю. Папа

14

Почему люди стыдятся своей мечтательности?

Досту,

пятый день не пишу, прости. Прихожу домой поздно, сил хватает перекусить, перекинуться парой слов с Марией – и спать. В пекарне дел невпроворот, расширяемся. У нас теперь есть печь-тандыр, выпекаем восточные лепешки.

Тандыр, похожий на купол со срезанной макушкой, делают из белой глины. Он отлично держит жар, дров требует немного, потому что придумали его там, где древесина в особой цене.

Амир прогревает тандыр, брызгает на шероховатые стенки соленой водой и ловким движением шлепает на них лепешки. Представляешь, дочь, лепешки прилипают и равномерно пропекаются с обеих сторон, не падая на дно, где тлеют угли.

Когда хлеб готов, самое большее через десять минут, его достают специальным ковшом.

Строить печь-тандыр Амира научил дядя, живущий в стране, где соседствуют целых девять типов климата.

«Летом отец отправлял меня к дяде на уборку хлопка. Вместо приглашения пообедать люди этой земли говорят „пойдемте поедим хлеба“. Они редко употребляют слово „есть“ без слова „хлеб“. Удивительный народ – открытый, добросердечный, в чем-то наивный».

Почему люди стыдятся своей мечтательности, нежности и всего, что не окрашено в серый цвет? Считают эти чувства наивностью, а нежелание проявить ласку – силой.

По традиции к горячим лепешкам из тандыра подают овечий сыр, выдержанный девяносто дней в шкуре барашка (в ней же его и заквашивают). Для этого шкуру очищают от шерсти, солят, сушат на солнце и выворачивают наизнанку.

Вчера Амиру привезли такой сыр прямо в пекарню. Вкусно, хоть и со специфическим запахом.

«Все печали по плечу, если в доме есть хлеб...» – напевал Амир, нарезая сыр.

Я только учусь печь в тандыре, зато тесто для лепешек уже освоил. Оно должно быть жидковатым – мука, вода, сухие дрожжи, соль, сахар и растительное масло. Амир формирует лепешки, ребром ладони делает на поверхности продольные бороздки, смазывает взбитым желтком – и в печь. Корочка у хлеба получается аппетитно-золотистого цвета.

Досту, сегодня я вдруг вспомнил, как мы с бабушкой пекли пирожки с яблоками. Теплый запах из печи, стол на уровне моего носа и мука со стола, от которой чихалось до слез. Пытался вспомнить больше подробностей того дня – не смог. Память постепенно утрачивает детали из детства, такие важные теперь.

В воспоминаниях я бываю на речке, где однажды рыба сама пошла в руки, только вверх брюхом. Обрадовался, что вернусь с богатым уловом и мама будет мной гордиться. И стоять с удочкой часами не надо! Насобирал рыбы, бегом домой. Мама дохлятину – в помойку, а я, размазывая слезы, смотрю, как серебряные рыбины поблескивают на дне мусорного ведра...

Порой прошлое делает жизнь невыносимо прекрасной. Настолько, что некоторые не могут этого перенести.

Скучаю. Папа

15

Однажды ты встретишь человека,
из глаз которого на тебя
будет смотреть Бог

Досту,

сегодня заходили Дарья с Леоном. Мы рады: в белом доме не хватало детского смеха. Жан консультирует и в выходные, поэтому его невеста с сынишкой часто по субботам гостят у нас.

Леон под присмотром Марса изучает каюту Озгюра, Мария стряпает, мы с Дарьей помогаем. Девочка привыкает к Городу вечной зимы: показавшийся вначале угрюмым, со временем он открылся ей с другой стороны.

«В первый день приезда я подумала: это город для тех, кто отрешился от мира. Потом разглядела: тут есть место для каждого, и для вновь пришедших, и для тех, кто уйдет».

При внешней меланхоличности Дарья бурлит энергией. В разговоре перескакивает с темы на тему. То рассказывает о прекрасной традиции дореволюционного Петербурга, когда студенту, окончившему консерваторию с медалью, дарили рояль; то об увеличении в мире числа людей с ахроматопсией, полной неспособностью различать цвета; то о том, что агрессия другого человека – чаще всего просьба о любви.

«Опять тараторю, простите...» – смеется, шлепает себя по губам, продолжает натирать морковь на мелкой терке. Готовим морковное печенье. Я взбиваю сто граммов размягченного масла с таким же количеством сахара. Добавляю яйцо, ваниль, перемешиваю.

В масляную массу Мария просеивает полтора стакана муки с солью, разрыхлителем и корицей. Перемешивает, добавляет морковь – получается мягкое оранжеватое тесто. Влажными руками твоя мама лепит печенье, выкладывает на противень, ставит в духовку на двадцать минут.

Пока печенье остывает, а Мария играет с Леоном, мы с Дарьей выходим к берегу выгулять Марса, подышать. Снова пошел снег, хотя после ночной бури все надеялись на передышку. Ничего, пусть сыплется, лишь бы без ветра.

Дарья посматривает в сторону дорожки от трассы к белому дому – ждет Жана.

Она всегда подсознательно ждала его, не зная ни имени, ни облика, и верила в приближение встречи, хотя не раз разочаровывалась. Отец Леона бросил их, узнав о диагнозе малыша.

«Я встретила Жана тогда, когда обрела целостность, справившись со страхом потерять партнера. Как и многие женщины, я путала страх одиночества с любовью. Как-то подруга из Индии сказала мне: „Однажды ты встретишь человека, из глаз которого на тебя будет смотреть Бог“. Так и случилось. Это не идеализация, а понимание закона, по которому сердце не выбирает что попало, но чувствует родное, необходимое».

Дочь, в истинной любви нет сомнений.

Скучаю. Папа

16

Прекрасно –
любить живого человека

Досту,

не ищи идеальный мир, на земле его нет. Красота соседствует с уродством, искренность – с лицемерием, признание – с забвением. Есть то, что мы не в силах изменить, – прими и продолжай путь. Принять – не значит опустить руки. Помогай чем можешь, как получится – каждый день открывает для этого возможности.

Искать совершенство – удел юности. Важнее найти согласие с самим собой.

Внутренний мир – надежное убежище, где презрение преодолевается любовью, страхи – надеждами, отчаянное желание смерти – божественной жаждой жить. Там можно вспомнить и заново прожить любовь, которая уже не вернется вместе с ушедшим человеком.

Но и укрывшись в крепости, мы не перестаем быть связаны с тем, что происходит за ее пределами. Буря за окном влияет на погоду в доме, услышанное слово может ранить, удар в спину – убить. Поэтому так важно вдумчиво делать выбор.

Дочь, я вспоминаю себя двадцатилетнего и свое жгучее желание изменить мир. Кем я был? Идеалистом с высокими запросами? Верующим с обостренным чувством справедливости? Мне хотелось, чтобы люди не стеснялись быть не такими, как другие. Ясно представлял, каким качественным может стать общество.

Спустя сотни попыток донести, показать я обессилел. Извел себя мыслями «я слабак», «мои идеи ничего не стоят». Женщина, с которой тогда встречался, сказала: «Твои переживания доказывают, что ты живой. Это прекрасно – любить живого человека».

Принял мир таким, каков он есть. Помочь или пройти мимо – мой ежедневный выбор. Если решил помогать, сделай это и радуйся, что Вселенная через тебя откликается на чьи-то молитвы.

Я видел немало состарившихся идеалистов. Печальная картина. Досту, быть убежденным в своей правоте так же страшно, как навязывать другим свою искренность. Идеализм часто оборачивается трагедией.

Сегодня, дописывая тебе шестнадцатое письмо, спросил себя: не являются ли эти строки эгоистичным желанием донести до близкого то, что я считаю самым верным и полезным? Скорее нет, чем да.

Скучаю. Папа

17

Никуда не спеши,
иначе пропустишь чудо

Досту,

давно ли ты смотрела на облака? Который день не поднимаю глаз к небу – работы стало больше, забегался. Ты знаешь, как я люблю облака и океаны. Сейчас у меня есть и то и другое. Счастье.

Сегодня решил опоздать в пекарню. Взял Марса, пошел к океану. Тишина, ни души, рыбацких лодок не видно, странно.

Небо – великий уравнитель. Из недр земного хаоса достаточно посмотреть вверх, чтобы вспомнить: жизнь не дает никаких обязательств, не имеет долгов, но всегда продолжается. Эта истина станет ясна, стоит устранить в голове шум суеты.

Я влюбился в белых небесных странников в шесть лет: по дороге в школу увидел, как луч солнца пробивается сквозь огромное кучевое облако. «На нем можно полежать», – подумал. Оно напоминало мою взбитую подушку с гусиным пухом – пышную, белоснежную, в хрустящей наволочке.

Потом увидел, как облака грустят, превращаясь в тучи. Будто в них заливают чернила. Мне было жаль тучи – люди их не любили. Я даже подрался с одноклассником, который сказал, что ждет, когда проснется солнце и прогонит тучи.

Облака всегда в движении, напоминая о том, что человеку нужно развиваться. Они принимают забавные формы, предлагая относиться к жизни с юмором. Природа одарила умением улыбаться только человека. Может, потому, что мы больше всех нуждаемся в тепле?

Облака учат наслаждаться моментом. Помнишь слова из «Алисы в Стране чудес»: «Если вы всегда спешите, вы можете пропустить чудо»?

Дочь, увы, очень мало тех, кто умеет жить, а не бежать. Мы боимся остановиться, спросить себя: «Куда я иду? Тем ли занимаюсь?» Нам внушили стадное чувство – чем больше заняты, тем более успешны. Однако в погоне за желаемым мы становимся подавленными и беспокойными, а не счастливыми и радостными.

Нам всегда мало. Многого не замечаем, порой даже мига, когда сбываются мечты.

Скучаю. Папа

18

Благодаря тебе моя жизнь обрела новое значение

Досту,

я снова учу итальянский. Помнишь, как после поездки в Тоскану мы все загорелись желанием его выучить? Начали, и стало получаться. Потом тебя положили в больницу. Ты не хотела бросать занятия, мы проводили уроки прямо в палате. Врач возмутился: «Вам сейчас не о языках думать надо!» Пришлось указать ему на дверь.

Смахнул пыль с учебников, читаю. Медленно, прозу. Рассказы фарерского писателя Джанфранко Росси. Высший пилотаж – писать так, чтобы читателю было все равно, о чем текст, лишь бы он, множась страницами, длился.

В словах Росси живет умиротворяющее волшебство. «Где-то есть место настоящей тишины, деревьев, трав, животных; место, откуда не нужно убегать; место, жить в котором означает быть самим собой, свободно, спонтанно, дико, с бесконечной радостью, переходящей постепенно в тихую, невыразимую грусть»[1].

---

[1] Пер. с итал. И. Боченковой.

Думаю, не все так мрачно в жизни талантливых людей, но их светлое дарование замешано на страданиях.

Марии не до итальянского. Свободное время посвящает Леону. Они много гуляют, разучивают песни про дальние страны, иногда подолгу молчат, слушая ветер.

Дарья теперь работает вместе с Жаном, малыша оставляет у нас. Благодаря ему наша жизнь обрела новое значение.

«После Досту я перекрыла в себе некий источник, ради самосохранения. С годами стало его не хватать, и Леон помог к нему вернуться». Мария варит ребенку куриный суп, пока Дарья купает сына.

Еще три года назад Леон не смотрел в глаза, не откликался на имя, затыкал уши, когда к нему обращались, или повторял заданный ему вопрос. «Иногда мне казалось, что ему все равно, рядом я или нет. Было больно. Я не сдалась, продолжала заниматься с сыном. Помогали коллеги – психологи, дефектологи. Спасибо им».

Таблетки от аутизма нет. Обычно психиатры подсаживают таких детей на препараты, которые еще больше затормаживают ребенка. Если медикаментозная терапия не сопровождается работой психологов, все впустую.

Мария включает телевизор, время «Улицы Сезам». Леон хохочет, когда его любимый персонаж Коржик – синий лохматый монстр с глазами навыкате – выкрикивает свое коронное: «Печенье!»

Дочь, почему взрослые перестают быть детьми? Почему только к старости мы вспоминаем о том, что такое настоящее счастье?..

Скучаю. Папа

19

Не проклятье ли –
вечное, неизменное счастье?

Досту,

во мне нет баланса и гармонии (возможны ли они на земле?), но есть любовь и благодарность. Дни, когда меня, как вилку, выдернули из розетки, случаются все чаще. Хотя в семьдесят чувствам следует быть постабильнее – казалось бы, давно уже принял этот прекрасный и ужасный мир.

В дни, когда ни во что не верится, словно забывается опыт, теряется мудрость. Каждому своя квота таких дней, и ее следует вычерпать до дна, чтобы... Выбирая Бога – становишься сильнее. Дьявола – лишаешься надежд.

Сидим с Жаном на борту Озгюра. Снег подтаял, потеплело, но шапку еще не снимешь, ветер. Друг устало раскуривает сигарету. «У тебя тоже странный день, Жан? То вниз, то вверх?» Минуту молчит. Тушит окурок в сугробе. «Этот день и есть жизнь».

У Жана наплыв пациентов. «Пытаюсь разобраться, что у них в голове, как вдруг сегодня все сказанное мной рассыпалось в прах перед величием необъяснимого.

Всегда будет то, чего не разгадать. Может, оно и к лучшему. Нужен отпуск хотя бы на пару дней. Поедем с Дарьей на машине к другому берегу океана. Оставим Леона у вас, можно? Не переносит дальнюю дорогу».

Мы с твоей мамой обрадовались. Пусть отдохнут, им это необходимо.

Иногда полезно сыграть роль безответственного человека, пустившего все на самотек с убеждением: «То, что должно быть сделано, сделается само».

Знаешь, о чем я думаю, дочь? Можно обрести счастье, научившись смотреть на него сквозь небезупречность.

Отказ достичь идеала освобождает от иллюзий. Слишком много людей, до конца жизни ищущих того, кто дополнит их несовершенство. (Кстати, именно в него обычно влюбляются!)

Кто-то находит, на время. Стоит партнеру ошибиться, как в глазах искателя идеала он слетает с пьедестала, наступает разочарование.

Мы сами несовершенны и не должны ждать безупречности от других.

Вспоминаю Пьера Безухова, который после расстрела военнопленных потерял веру в человека, и страшное «зачем?» не давало ему покоя. Встреча с человеком из народа помогла ему духовно возродиться. «Надобно жить, надобно любить, надобно верить».

Досту, если в детстве мы просто наслаждаемся жизнью, то, повзрослев, наделяем счастье столь радужными, полумифическими чертами, что узнать его в реальности становится крайне сложно.

Да и не проклятье ли – вечное, неизменное счастье?..

Скучаю. Папа

20

Счастье – и в заботе о счастье других

Досту,

сегодня в Городе вечной зимы тепло, несмотря на сугробы. Амир такую погоду объясняет силой южного ветра, залетевшего из теплых стран. Я шел в пекарню по солнечной стороне улицы, временами останавливался, закрывал глаза, лицо согревали утренние лучи. Мне казалось, передо мной поля в маках и зеленые склоны, уличные кафе, где люди в ярких одеждах пьют вино, обсуждая все на свете, от покупки масла до смысла жизни.

Проводили Жана с Дарьей в отпуск. Они завезли нам Леона и кота Матиса. Мария не отпустила их без плотного завтрака. Пока я разогревал хлеб с кунжутом, на столе появились вкусности: горячий чай с кардамоном, омлет на топленом масле с желтым сыром, салат из помидоров, огурцов и колец красного лука, сливки в меду, оливки, сбрызнутые маслом первого отжима и посыпанные смесью молотых красных стручковых перцев. Восторг! Хорошо, недалеко лавка Салеха, он с сыновьями привозит продукты с юга.

За столом вспоминали о тебе. Скучаем. Всегда сервируем и на тебя, тарелка, по традиции, цвета океана. Мама щедро накладывает в нее еду. Помнишь, как она переживала из-за твоих диет? Ты ей говорила: хорошо, когда еда – топливо, а не религия. Что лишний вес – не просто переедание. Кроме хворей, это еще и малоподвижность, отсутствие занятий, отвлекающих от мыслей о еде.

Дочь, следую твоему совету, не злоупотребляю сладким, день начинаю со стакана теплой воды и гимнастики – завтрак надо заслужить!

Леон, обычно спокойно расстающийся с мамой, особенно если рядом виляет хвостом Марс, на этот раз плакал вслед отъезжающей машине. Дарья порывалась остаться. «Жан, может, поедешь один? Леон переживает...» Приближалось время полдника, решили, что проголодался, поэтому капризничает. Уговорили ребят отправиться в путь.

Леон успокоился, как только они с Марией вышли к океану.

Вижу, как Дарья старается быть с сыном чуткой. Материнство – не только инстинкт и желание, но и воспитание в себе внимания, дисциплины. И, конечно же, преодоление – раздражения, усталости. Дарья называет себя ортодоксальной мамашей и тут же добавляет: «Время, всецело посвященное ребенку, никогда ничем не компенсируется, не стоит ждать от детей соразмерной отдачи».

«Бывает, свирепеешь, когда йогурт размазывают по волосам, еду бросают на пол, фломастерами разрисовывают руки до локтей. Хотя каждую мать клинит на своем. Мне было нетрудно отмывать белые стены от морковного пюре или овсяной каши, а у другой от этого лопается терпение... Восхищаюсь людьми, упивающимися материнством и отцовством. У меня так не получается, хотя я люблю и счастлива».

Досту, счастье – и в заботе о счастье других.

Скучаю. Папа

21

Не слушай тех, кто скажет, что твоя дорога ведет в пропасть

Досту,

я взял два дня отгулов в пекарне, побуду с Марией и Леоном. Малыш скучает по маме. Тоску скрашивают Марс (сидят рядышком у окна с видом на океан) и дорога. Запрыгиваем на велосипед, мчим по трассе, ведущей за город. «По этой дороге Жан с мамой спешат нам навстречу».

Леон, который сидит позади, выкрикивает номера проносящихся мимо домов. Смеется. Нагретый солнцем асфальт помнит следы тех, кто уехал на другой берег океана и не вернулся.

Через двадцать минут Леон щиплет мою спину: «Хочу к Марсу». Он устал, пора домой, да и Мария заждалась к обеду. Океан на горизонте угрюм, словно больше не ждет появления друга, которому все о себе расскажет.

Снимаю мальчика с велосипеда, пока несу к дому — засыпает. Мария укладывает его на диван, укрывает горчичного цвета пледом. «Пусть поспит часок… Леона, как и нашу девочку, успокаивает путешествие. Помнишь, какими вы возвращались с прогулок? Счастливыми и сонными».

Дочь, ты обожала дом, но не любила засиживаться в его стенах. Нас звала дорога, особенно если она вела к океану. Мама возмущалась тем, что ты ленилась помогать ей в быту. Ты прибегала ко мне, хныкала: «Папа, я не хочу уставать от перекладывания тарелок из раковины в шкаф или от глажки белья, которое все равно помнется. Хочу уставать от движения по новым маршрутам».

Представь место, куда хочешь попасть, не думай, сколько времени и сил займет путь. Правильное для тебя направление может оказаться ошибочным для ближнего. Поэтому не слушай тех, кто скажет, что твоя дорога ведет в пропасть.

Пока Леон спит, мама затеяла яблочное печенье с изюмом. У него теплый вкус благодаря специям — корице, мускатному ореху, гвоздике, коричневому сахару. Печенье получается мягким, пышным. Только яблоки в тесто нарезай помельче — так удобнее скатывать из него шарики, и смотрится симпатичнее.

Дочь, обязательно приготовь, совсем несложно. Хочу, чтобы тебе там тоже было тепло.

Взбивая масло с сахаром, Мария вспоминает традицию из своего детства, когда соседи угощали друг друга домашним. На первом этаже жила портниха Стелла, она часто пекла пирог с вишней. Пару кусочков, посыпанных сахарной пудрой, приносила твоей бабушке.

«Вручала торжественно, напевая какую-нибудь вздорную песню наподобие "Cow cow boogie" Эллы Мэй Морс. „Выйдя на равнину рядом с Санта-Фе, / Я встретила ковбоя, объезжающего стадо. / Пока он ехал трусцой, я слышала, как он пел / Самую необычную ковбойскую песню..."[1]

Мама в ответ отправляла соседке свои кулинарные опыты, например это печенье. Она хорошо относилась к Стелле, правда, за глаза называла ее малость распущенной. То ли потому, что портниха вечерами распевала блюз на весь подъезд, то ли из-за того, что та сменила четырех мужей. Хорошее было время... Ладно, не буду брюзжать, передай молоко, его пора в тесто».

Досту, мы отложили порцию яблочного печенья и для тебя.

---

1 Авторы стихов Дж. де Пол, Д. Рей и Б. Картер. Пер. с англ. А. Лисы.

Скучаю. Папа

22

Не отступай от мечты и не бойся рискованных поступков

Досту,

как ты? Надеюсь, здорова и в тепле. Ждем от тебя весточки. На конверте адрес, вдруг решишь написать или приехать. Это будет счастьем. Мама по-прежнему печет для тебя печенье с малиновым джемом. Оно так понравилось Леону, что вчера он тайком слопал твою порцию.

У нас все путем. Завтра вечером должны вернуться Жан с Дарьей. Пока не звонили, наверное, нет связи. Пусть отдыхают. Во мне живет странная тревога. Надо давление измерить...

Сегодня у церкви встретил Салеха, благодаря которому на нашем столе овощи и фрукты. Он ждал машину с партией бамии, это овощ, другое название – окра. Если не считать тонких волосков, похож на зеленый стручковый перец.

Я научился готовить бамию с белой фасолью, красным перцем и репчатым луком. На гарнир рис. Пальчики оближешь!

Салех рассказывает, что выращиванием бамии на своем участке увлекался Чехов. «Если гений ценил этот овощ, то и нам грех его не любить... Вам сколько отложить, сосед?»

Бамия в лавке Салеха нарасхват. В Городе вечной зимы ее готовят для беременных в первом триместре из-за обилия полезной фолиевой кислоты. Пока не расхватали, возьму килограмм.

В ожидании доставки садимся на скамейку побеседовать. Тут особый, неторопливый ритм жизни.

«Я стал продавать овощи и фрукты после пятидесяти. До этого работал в газовой конторе, скучное занятие. Дети выросли, дом, пусть и маленький, построил, дерево посадил, но беспокойство в сердце не утихало. На людей, распознавших свое призвание, смотрел с завистью. Белой, но дикой. У меня с пониманием призвания было туго. То ли я глух, то ли дело мое немым уродилось, думал я, надеясь на чудо».

В доме Салеха на рынок ходили жена с младшим сыном. Однажды он пошел с ними. Там, среди ящиков с огурцами и апельсинами, ему открылась истина.

«В круговерти красок, звуков, запахов представил собственную лавку. Уволился из конторы, арендовал помещение, вложил сбережения в новое дело. Открыл магазинчик на нашей улице. Первые месяцы дались тяжело, потом наладилось. Цены у нас, как видишь, ниже среднего, не завышаем. Теперь утром просыпаюсь не потому, что надо, а потому, что люблю».

Дочь, жизнь учит не отступаться от мечты и веры, не бояться рискованных поступков.

Скучаю. Папа

23

Отдавай то, что сам хотел бы получить

Досту,

утром в почтовом ящике увидел письмо. Дыхание перехватило, решил, от тебя. Господи, достаточно такой малости, и сердце готово поверить, что произошедшее с тобой – сон.

Письмо оказалось от Умида.

Давно от него нет вестей, я волновался. Поспешил в пекарню, письмо читали с Амиром.

Умид в Стамбуле. Мне стало спокойнее. Ты знаешь, как я люблю этот город, его земля наполняет и оберегает. Манящая тайна столетий, туман над мостами через пролив, запах свежесваренного кофе и уличные коты, которых приглашают в кафе переждать непогоду.

Стамбул – как расписная шкатулка с пуговицами. (Помнишь, у мамы была такая?) Мелкие и побольше, жемчужные и с «ножкой». Запускаешь в них руку, перебираешь, вдохновляешься. В Стамбуле чувствуешь себя пуговкой в огромной шкатулке.

Умид работает в пекарне района Кадыкёй, печет бублики в кунжутной обсыпке, ими традиционно завтракают стамбульцы.

Судя по письму, ему хорошо. Пусть так будет долго.

Дочь, на самом деле мы не меняемся, а все более становимся самими собой.

«Я рад, что уехал из Города вечной зимы, скоро и родителей заберу. Бедность не беда, беда – жить в постоянной тревоге за себя и близких. Уберечься можно, проживая дни так, чтобы добро перевешивало зло, ловить малейшие признаки своего нездоровья и устранять их. Я уехал из города, где здоровым быть трудно. Все равно ему благодарен. Там многому научился. Например, мужественно преодолевать трудности, печь хлеб».

Досту, благодаря кризисам мы становимся лучше. Не зря китайский иероглиф «кризис» означает еще и «возможность».

В истории Стамбула немало тому примеров, упомяну один. Султан Сулейман правил Оттоманской империей почти пятьдесят лет. За это время Стамбул достиг апогея развития, превратился в крупную метрополию. Конечно, не обошлось без кризисов: чума, пожары, шторма, наводнения. На жизнь Сулеймана тоже не раз покушались. Несмотря на все это, Стамбул выстоял, а его жители, по крайней мере некоторые из них, стали ценить то, что их окружает.

Умид встретил ту, с которой так же свободен, как наедине с собой. Такое бывает, но редко. «Я не смог предугадать ее мысли. Это и зацепило».

Влюбиться легко, признается парень, ценнее – любить каждый день. «Абсолютную любовь человек дать не может. На то он и человек. Это не наша энергия. Я стараюсь любить насколько могу, отдавать то, что сам хотел бы получить».

Дочь, если в тебе вдруг нет любви, поступай так, будто она есть. Тогда вода в источнике обретет вкус.

Скучаю

24

Чтобы узреть истину, достаточно наблюдать

Досту,

ты пробовала хлеб с цветами? Учусь такой готовить. Амиру привезли мешок сушеной лаванды, и теперь у нас есть хлеб с весенним ароматом. В лавандовое тесто добавляем акациевый мед – волшебное сочетание.

Мама тоже начала использовать на кухне сушеные цветы. Смесью лаванды с морской солью приправляет говядину, посыпает жареную картошку. Лепестки розы и цветки апельсина запускает в мельницу с перцем – для салатов.

Леон помогает нам в пекарне. Перекладывает цветки в миски, отсеивает ненароком попавшие стебли (иначе хлеб загорчит). Ему сложно сохранять концентрацию, отвлекается на звук капающей воды, на гул проезжающей машины или крик замерзшей чайки за окном. Мы не обращаем на это внимания. Леон включается в процесс, только если увлечен, заинтересован. Упрашивать бесполезно.

Наши отношения – нечто большее, чем дружба. Сначала было сложно общаться, но после отъезда Жана и

Дарьи сблизились, вместе ходим на мою работу. В середине дня Мария забирает Леона домой. Там его ждут вкусный обед, прогулка с Марсом и мамина заколка, которую он хранит под подушкой.

Благодаря Леону заново проживаю отцовские чувства. Поначалу я смутился (вдруг предаю тебя?), потом отпустило. В сердце прочертилась четкая линия – разделитель моих чувств к тебе, Досту, и того тепла, что испытываю к мальчику. Два ручья, берущие начало в одном источнике; русла разные, вода одна и та же.

Как-то болтали с Жаном, и он рассказал, что после появления Дарьи и Леона в его жизни прибавилось и любви, и страхов. «Я стал более уязвим, ведь теперь ответственен за двух любимых людей. Хочется постоянно быть рядом, оберегать их».

Я похлопал друга по плечу, предложил ему порадоваться за себя. «Именно через такие волнения приходят к зрелости, Жан. Пока ты есть у Дарьи с Леоном, их никто не обидит».

Дочь, настоящий мужчина тот, который не сдается, как бы сложно ни было, заботится о своей семье, держит любимую за руку и помнит, когда зацветают ее любимые гортензии.

Одни мужчины находят в семье источник радости и сил, другие, так и не повзрослев, ноют о том, как выдохлись, устали. Гораздо легче стать отцом, чем им оставаться. К сожалению, многие мужчины только на словах воины и кормильцы.

Досту, действия человека, а не слова говорят о его личности и отношении к тебе. Чтобы узреть истину, достаточно наблюдать.

Скучаю. Папа

25

Не жди подходящего времени, чтобы начать жить

Досту,

третью ночь плохо сплю. Просыпаюсь от одного и того же сна: к белому дому подъезжает автомобиль Жана и Дарьи, мы с Леоном подбегаем к «Форду», а в нем – никого. Только на сиденьях сосновые ветки в снегу. Леон плачет, колотит кулачками по машине.

Просыпаюсь в страхе: мне кажется, я все еще перед автомобилем, в котором мгновение назад сидели мужчина и женщина, а сейчас он пуст. И что за ветки?..

Не особо верю в сны, просто разделяю их на те, в которых хочется остаться, и те, из которых так и подмывает сбежать. Я не ищу в них пророчеств и чаще объясняю процессами в мозге.

Сон с пустой машиной объясняется волнением за Жана и Дарью. Пока не вернулись, хотя должны были. Сходил в клинику, где консультируют ребята, – без новостей.

По радио сообщили о буре на западном берегу океана. Поселения обесточены, дороги перекрыли, чтобы предупредить аварии. Точное местонахождение наших неизвестно. Не исключено, что они в южной части, где тихая зима, и я паникую напрасно.

Мария тоже переживает. Не показывает виду, отвлекается работой, домашними делами. По утрам традиционно заваривает кофе, и который день он переливается через край — если подобное происходит у педантичной Марии, значит, она в смятении.

Досту, ты знаешь, мама больше всего на свете не любит ждать. Ожидание сводит ее с ума. «Оно бывает разным: когда могу собраться и двинуться навстречу — такое переносимо. А вот когда жду, зная, что ничего не могу поделать, — это испытание».

Ожидание рушит судьбы. Особенно если ждешь подходящего времени, чтобы начать жить. Думаешь, вот придет особенный человек или наступит долгожданное событие, и заживу. Так можно и до конца дней прождать, впустую.

В отношениях всегда сохраняй бдительность.

Леон отказывается идти в пекарню. Плохо ест, молчит, сидит у окна с Марсом. Скучает. Вчера нарисовал перевернутую машину. Когда Мария спросила, чья она, малыш порвал рисунок.

Тревога не дает мне покоя, дочь.

Скучаю. Папа

26

Когда слова даются с трудом...

Досту,

извини, давно не пишу. Слова даются с трудом. Жан с Дарьей погибли. Машина врезалась в сосну, слетела в овраг. Полиция позвонила в клинику, сообщила о случившемся. В портмоне Жана нашли рабочее удостоверение и нашу фотографию. Теперь снимок у меня.

Дочь, не могу больше. Прости

27

Не убегай от боли и страха – смотри им в глаза

Досту,

вторую неделю сыплет снег. Тихо, непрерывно. Проникновенный белый реквием.

Из-за холодного климата снег не превращается в почерневшие лохмотья, ложится слоями, отчего по утрам – ощущение белого листа. Не в этот раз.

После случившегося время для нас замерло.

Пряча лицо в толстом шарфе, иду по белым улицам, прохожу мимо знакомых мест и нашей пекарни (Амир в одиночестве месит тесто, в печи – странно – не горит огонь). Город словно спит.

Вдруг ловлю порыв постучаться в окно кофейни с оранжевыми рамами и закричать: «Эй, почему не слышно, как мелют кофе, не звенят теплые чашки, а горячие круассаны безнадежно остывают?!»

Хочу остановить идущую в раздумьях женщину (из-под красной шляпки выбилась прядь седых волос), спросить: «Почему люди, убив себя при жизни, до могилы еще влачат свое существование?»

Хочу попросить небо остановить отчаянно долгий снегопад. Тогда мы распахнем шторы навстречу солнцу, включим радио, испечем печенье с малиновым джемом для тебя, дочь, и всех заглянувших в гости.

В наш дом обязательно постучатся те, которых скоро полюбим. Расскажем друг другу новые истории – и это станет спасением.

...Леон не подходит к окну, не хочет идти к океану. Стараемся не показывать ему свою боль, но мальчик чувствует. Вчера сказал Марии: «Мама стала снежинкой. Я знаю». Она кивнула, пряча слезы.

В эту минуту всем своим существом я захотел взять их грусть на себя, увезти подальше. Но это был бы побег. А я никогда не убегал от боли и страха – смотрел им в глаза.

Когда ты ушла, дочь, нас с мамой спасла любовь. Amor vincit omnia[1]. Пройдя сквозь нас, перешагнув преграды, которые построили разум и обстоятельства, любовь помогла нам сохранить нашу связь.

При любых страшных переменах рушится ложное, уцелевает истинное.

Скучаю. Папа

---

[1] Любовь побеждает все *(лат.)*.

Часть II

Что в этом мире постояннее всего? Перемены! Нескончаемые и неумолимые перемены.

Энтони Дорр

Чтобы быть счастливым, надо жить в своем собственном раю! Неужели вы думали, что один и тот же рай может удовлетворить всех людей без исключения?

Марк Твен

1

Тебе дана возможность выбора.
Единственное условие – любовь

Три с половиной месяца спустя

Досту,

via est vita[1]. Дорога действительно похожа на жизнь, у нее тоже есть начало, цель и конец. В поезде слушаю Боба Дилана. Ехать целую ночь, и это удовольствие: стук колес, скрип вагонов, гудки встречных составов и стрекот цикад из приоткрытой форточки купе.

“How many roads must a man walk down before you call him a man? How many times must a man look up before he sees the sky?”[2] “Blowin’ in the Wind”[3] – любимая у Боба. Он написал ее в неполные двадцать!

Помню, в одном журнале шестидесятых Дилан расшифровал эту песню: ответы на важные вопросы не в книгах, фильмах или в словах близких, а в дуновении

---

1 Дорога есть жизнь *(лат.)*.

2 «Сколько дорог должен пройти человек, прежде чем вы назовете его человеком? Сколько раз должен человек поднять голову, прежде чем он увидит небо?» *(пер. с англ. авт.)* Автор стихов Б. Дилан.

3 В дуновении ветра *(англ.)*.

ветра. Подобно беспокойному клочку бумаги, ответ опускается на землю. Редко кто его подбирает — мало желающих увидеть, понять. И лист с ответом улетает дальше.

У меня с собой чемодан с вещами, кассетная магнитола, фотографии (немало твоих детских, черно-белых), сито для муки (без него тесто сворачивается) и блокнот с ручкой. Письма тебе стали частью моей жизни, если бы не они, я бы не смог принять происходящее.

В купе со мной женщина лет сорока. Ее зовут Мирэй, она сойдет у Предрассветного моста, совсем скоро. Видимо, поэтому не ложится. Прямые каштановые волосы до плеч, затянутые в несуразный хвостик. Рубашка цвета шафрана, на тонком запястье большие часы. Детали образа Мирэй настолько выпуклые, что их обойти невозможно.

Она либо выходит покурить в тамбур, либо читает «Вид с моста» Артура Миллера, либо задумчиво смотрит в одну точку.

«Почему люди не понимают, что отказ от себя может закончиться трагедией? — Мирэй переворачивает последнюю страницу романа, протягивает мне книгу. — Хотите почитать? Оставлю вам». Беру. Светло-лиловая обложка, фамилия автора толстыми черными буквами.

Женщина прерывает паузу вопросом. Выговаривает в спешке, будто боится растерять смелость. «Простите, о чем вы обычно просите Бога?» Вопрос бестактен (и неслучаен), но я задумался. О том, как ответить, и о том, что давно ни о чем Его не прошу.

Досту, это не гордыня и не смирение. Другая степень отношений. Когда знаешь, что такое быть с Богом и без. Когда просить нет смысла, да и не хочется. Бог – не требовательный отец, который, наставляя сына, напрочь лишил его самостоятельности. Нам дана возможность выбора. Единственное условие – любовь.

«Я ничего не прошу, Мирэй. Мы просто с ним заодно», – улыбаюсь я, возвращая женщине книгу.

Скучаю. Папа

2

Мир – прекрасное и забавное место для жизни

Досту,

утро встречаю на суетливом перроне. Стоянка тринадцать минут. Столпившись перед вагонами, пассажиры курят. Вокзальные часы объявляют седьмой час. Льет теплый дождь, почти все зонты вокруг как на подбор фиолетовые.

Надо бы перекусить.

Четырнадцать часов пути до вокзала Хайдарпаша. Умид обещал встретить. Дочь, я в Стамбуле.

Направляюсь в азиатскую часть города, в пекарню района Кадыкёй, где буду учиться печь симиты, те самые бублики в кунжутной обсыпке. На первый взгляд обычные бублики, но для меня сложные в приготовлении.

Посмотрим, что из этого получится.

Со мной в купе Пит, такой же седой, как я. Звонко смеется, не снимает наушников плеера (если не на ушах, то на шее), временами что-то пишет на коричневой бумаге. Сидит в одной позе – сгорбившись, нога на ногу, с прищуром наблюдая за миром. Элегантный твидовый костюм, ковбойские ботинки со стертыми носами.

Пит напевает одну и ту же песню. Я узнал ее с первых строк – "I Ain't Got No Home" Вуди Гатри. "Now as I look around, it's mighty plain to see / This world is such a great and a funny place to be"[1].

Я увлекался творчеством Вуди в шестнадцать-семнадцать, в период войны с ветряными мельницами, игры на гитаре подшофе, разглагольствований на тему борьбы против гнета системы.

Помню, как копил деньги, чтобы на двадцатилетие съездить в американский городок Окима, откуда Вуди родом. Продавать там газеты, петь на улицах и ходить на воскресную службу, чтобы позабавить себя лицами прихожан, запуганных грозным Богом.

Пит протягивает мне наушники. «Держи, вспомни молодость». Взамен берет мою магнитолу и включает Боба. «Святые угодники! Старина, да у тебя же Дилан за пазухой! Ты знал, что Вуди был его кумиром?»

---

[1] «Мне негде жить», песня американского фолк-певца Вуди Гатри (1912–1967): «Теперь, когда смотрю вокруг, особенно ясно вижу: этот мир – такое грандиозное и забавное место для жизни» *(пер. с англ. авт.)*.

Пит едет в Стамбул на рок-фестиваль, оттуда в Мельбурн на концерт кантри-группы.

«Со стороны я выгляжу как сдвинутый на музыке старик, беззаботно путешествующий по миру? Так и есть! Думаешь, я всегда был таким? Внутри-то да, но полжизни этого не показывал. Нужно было растить детей. Шестерых! Сейчас, когда трое нянчатся со своей малышней, один, мой любимчик, – гей-активист, а двое покоятся с миром, я позволил себе быть свободным. Жизнь – река, чье течение может измениться в любой момент».

«Пит, как это – потерять ребенка?» Он снял наушники, положил их на столик. «Будто я покинул свое тело и смотрю на незнакомца, который приходит на могилы детей. Что мне помогло? То, что я говорю о них, говорю с ними. Неважно, вслух, про себя или на бумаге».

Скучаю по тебе. Папа

3

Езжай к морю и отдай волнам свою печаль

Досту,

картина за окном вагона непривычная. Без снегопадов, низкого неба, замерзших кораблей. Вместо них насыщенные краски. По мере приближения к Стамбулу теплеет (моя шерстяная одежда тут неуместна), и морем пахнет отчетливее (его аромат не похож на запах океанского бриза).

Не спится, хотя надо бы. С детства не смыкаю глаз в дороге, боюсь что-нибудь пропустить. Все же старость – не физическое состояние, а потеря интереса к жизни. Может наступить и в тридцать.

Пит, набросив на лицо шляпу, похрапывает, напевая во сне. «Curly-headed girl with a bright shining smile... heard the roar of a plane as it sailed through the sky»[1].

Пишу тебе, Досту, и хочу верить, что ты видишь эту красоту моими глазами. Что рядом со мной моя кудрявая

---

[1] «Кудрявая девочка с сияющей улыбкой услышала гул плывущего по небу самолета» *(пер. с англ. авт.)*. Автор стихов В. Гатри.

девочка с сияющей улыбкой, и мы смотрим на дымный след проплывающего в небе аэроплана, и нам не нужно расставаться.

Счастье теряет краски, когда им не делишься.

Хоть бы Мария с Леоном были со мной. Они не поехали. «Тебя вдохновляет дорога, а меня дом — место, которое хорошо знаю, люблю. Да и Марса, Матиса, Озгюра не с кем оставить... Привези фисташковой пастилы и возвращайся скорее».

...Мы въехали в Стамбул. Поезд замедлил ход, пассажиры вышли в коридор, к окнам, смотреть на пробуждающийся город. Невысокие дома с черепичными крышами в узких лабиринтах переулков; тянущиеся к небу минареты. Босфор.

Стамбул не повторяется. Тут красота соседствует с уродством, молитва с развратом, логика с абсурдом — неидеальный, значит, живой.

«Волны Босфора усмиряют беспокойную душу», — слышу из толпы пассажиров. Это так, дочь. В Босфоре нет того неправдоподобного простора, что я видел в океане, но он завораживает. Магия.

Жить в городе с морем или океаном — счастье. Когда нет сил открывать глаза, когда тяжелые дни прижимают к стене, неоплаченных счетов больше, чем возможностей, когда близкие уходят без надежды на возвращение, ты можешь прийти к морю и отдать волнам свою печаль.

Пит проснулся. Зевая и покачиваясь, выходит из купе, замирает – поезд проезжает вдоль Босфора. Улыбаюсь. «Красиво, да?» Кивает и, будто подслушав мои мысли, добавляет: «У моря нет памяти, старина. Оно терпеливо выслушает и никогда не использует услышанное против тебя. Поэтому его все любят».

Скучаю. Папа

4

Какая разница, что было, главное – что есть

Досту,

я сел в кресло развязать шнурки и заснул. Сказались две бессонные ночи. Помню лишь пахнущий табаком плед, которым меня укрыл Умид, облупившуюся лепку высокого белого потолка и сон. То, что увидел, и сном не назовешь, скорее встречей в другом измерении. С Жаном.

Берег океана перед белым домом. Сидим на перевернутых лодках в куртках, шарфах, шапках – как обычно. Жарко, пот градом.

Осматриваюсь – вокруг не привычные сугробы, а прогретая солнцем земля, зеленая трава, деревья в цветах.

Жан разматывает шарф. «Какая разница, что было, главное – что есть. Все начинается и заканчивается вовремя».

Снимаем верхнюю одежду, скидываем ботинки, засучиваем штаны. Босиком по горячему песку.

В нашу последнюю встречу Жан выглядел уставшим. Сейчас сияет. «Жан, тебе не кажется, что одним достается больше страданий, другим меньше?» Он смотрит на разрисованную солнцем океанскую гладь. «Я врач и должен опираться на научные факты. Но я верю в теорию переселения душ. Недавно пришел вот к чему...»

Друг предполагает, что каждый получает испытания, исходя из возраста души. Зрелой душе, пусть и в молодом теле, дается способность тоньше чувствовать мир и сидеть в первых рядах, откуда лучше видно и плохое, и хорошее. Так душа полнее проживает этот мир и по возможности его исправляет. Пишет вдохновляющую песню, печет вкусный хлеб, лечит захворавших людей и делится любовью с тем, кто в нее не верил.

Волосы Жана отросли, вьются. «Теперь похожи с Дарьей. Только она рыжая». Он смеется, я смотрю на него, стоящего на фоне цветущего города, и вдруг вспоминаю: сон вот-вот закончится. Там, за его границами, бесконечные морозы и весть о смерти друзей.

Хватаю Жана за руку, вздрагивает. «Что случилось?» Боюсь, что он исчезнет. «Жан... Хочу, чтобы со всеми нами все было хорошо». Хлопает меня по плечу. «Так будет до тех пор, пока мы есть друг у друга. Не важно, тут или где-то еще».

Тревога отпускает. Прогретый песок едва слышно шуршит под ногами. Подхожу к маяку и просыпаюсь.

Дочь, помнишь слова Ольги в «Трех сестрах»? «Пройдет время, и мы уйдем навеки, нас забудут, забудут наши лица, голоса и сколько нас было, но страдания наши перейдут в радость для тех, кто будет жить после нас...»

Скучаю по тебе. Папа

5

Закрой глаза и растворись в свободе

Досту,

я на ногах с половины третьего утра, полон энергии. Адаптируюсь к смене времени.

Думаю о Марии и Леоне. В Городе вечной зимы день уже начался, у них на четыре часа позже. Мария включила магнитолу, шуршит на кухне под "Don't Knock It"[1] – нарезает сухофрукты для каши, застилает скатертью стол. По дому разносятся аромат молотого кофе и запах поджаренного хлеба.

Ты знаешь: что бы ни случилось, мама утром варит кофе и подогревает хлеб – ее философия нового дня. Жизнь всегда продолжается. «Это присуще женщинам-Львам. А вот вы, декабрьские Стрельцы, вечные дети, генераторы идей и немного философы», – поясняла нам увлекающаяся астрологией Дарья.

---

[1] Песня американской группы The Delta Rhythm Boys (1934–1987).

Леон наверняка уже проснулся. Первым делом обнимает сонного Марса, который ночами бодрствует, потом полдня дрыхнет. Матис, как всегда, за диваном – оберегает личное пространство и выйдет, когда захочет есть или гулять.

После завтрака Мария пойдет чистить от снега палубу Озгюра. Она обязательно споет ему (например, это: "Bet your bottom dollar you and I are through / 'Cause lipstick on your collar told a tale on you, boy"[1]) и заглянет в бортовой журнал за мыслью дня.

Скучаю по дому.

Умид спит. Проснется через час, пойдем в пекарню. Наливаю стакан воды, в свете ночника осматриваю жилище. Одна совмещенная с кухней комната, скрипучий паркет, окна с деревянными рамами, выходящие на ветхий отель.

В Стамбуле дома имеют имена. Наш, четырехэтажный, голубого цвета, без балконов, – Мельтем. Теплый ветер дует с моря.

---

[1] «Клянусь, между нами все кончено, потому что губная помада на твоем воротнике выдала тебя с потрохами, парень» *(пер. с англ. авт.)*. Слова из песни "Lipstick on your collar" певицы Конни Фрэнсис (р. 1938). Авторы стихов Дж. Горинг , Э. Льюис.

На столе книга. «Стихи души» Сохраба Сепехри[1]. Открываю страницу с закладкой. «Есть город за морями, / Где ширь солнца соразмерна глазам любующихся рассветом. / Поэты там – наследники воды, мудрости и света. / Есть город за морями! / Надо построить лодку»[2].

Пойду-ка к морю.

Спускаюсь по переулку, бугристому, узкому, мощенному брусчаткой. За одним на всю улицу деревом (кажется, каштаном) высится мечеть. В темном небе кружат чайки. На подоконниках первых этажей спят кошки. Воздух пахнет неведомой специей, морской солью и надеждами миллионов, прошедших по земле древнего города.

Досту, стоя перед Босфором, подумал: я ведь могу сюда больше не вернуться, а вид на пролив – со мной или без меня – останется прежним.

Внезапно со всех мечетей округи и с противоположного берега зазвучал азан. С первых же нот птицы взмыли в небо, закружились над городом. Закрыв глаза, я растворился в свободе.

Скучаю по тебе. Папа

---

[1] Сохраб Сепехри (1928–1980) – иранский поэт, художник, философ.

[2] Цит. из книги «Стихи души», пер. М. Сатаров.

6

Правда не всегда приятна, но лучше лжи

Досту,

мы с Умидом шли в пекарню по предрассветному городу, вдоль трамвайных рельсов, пустующего рынка и греческого храма. Желтый свет фонарей слепил глаза, понурые дворняги искали еду, обрывки вчерашних газет разлетались по улицам.

Бронзовая статуя быка гордо поблескивала, словно озаренная величием города.

Стамбул без людей не выглядит апокалиптично, его красота независима и самодостаточна.

Происходящее со мной – как сон. Пока не привык к новой среде – другие картинки, краски, звуки. В Городе вечной зимы все сдержаннее, лаконичнее... Не буду сравнивать.

Умид рад, что уехал из холодов.

«Если бы не родители, я бы вообще не вспоминал о так называемой родине. Там народ мечтает о демократии, хотя на деле она ему не нужна».

К счастью, помимо готовности к бунту, в нем живет и умение задавать себе вопросы.

«Я открываю про себя новое через отношения с людьми. Они показывают мое настоящее лицо, истинные мотивы поступков. Правда не всегда приятна, но лучше лжи. Учусь жить этим днем, текущим мгновением. Трудно. Мысли убегают то в прошлое, то в будущее».

Хочу, чтобы у Умида все получилось. И чтобы Бог его не забывал.

Проходим желтое трехэтажное здание, на сетчатом заборе детские рисунки. Школа.

«Когда возвращаюсь с работы, малышня как раз выбегает во двор на большую перемену. Смотрю на них и думаю: в детстве нас наказывали за вранье, сейчас мы выросли – и нас недолюбливают, наказывают либо убивают за правду».

Дочь, когда мама сообщила мне, что беременна, я почувствовал себя самым счастливым человеком. Признаюсь, не только из-за того, что стану отцом. Благодаря ребенку еще раз проживу детство!

Покачивая тебя на руках, совершая с тобой первые шаги к познанию мира, я заново ощутил ту безмятежную легкость, но уже с осознанием, что вскоре она закончится.

Мы катались на коньках, плюхались с разбега в июльское море, придумывали истории твоим куклам, складывали под новогодней елкой подарки для мамы и спустя ночь радовались, разворачивая свертки, приготовленные мамой для нас.

Кто-то сказал, что детство – потерянная земля. Не соглашусь. Если мы захотим, то, взяв за руки детей, сможем вернуться в те края.

Скучаю по тебе. Папа

7

Ты многому меня научила, сама того не зная, – принимать, прощать и верить

Досту,

знаешь, что меня восхитило, когда я впервые попробовал симит? Хрустящая корочка цвета золотой монеты, вычеканенной по приказу султана. Я полагал, такой оттенок от подрумянивания. Ошибался.

Заготовки, растянутые тонкими жгутами и слепленные в кольца, окунают в смесь вываренного сока плодов рожкового дерева, растительного масла и воды. Обваливают в поджаренных зернах кунжута, отправляют в каменную печь.

В Стамбуле говорят: «Без симита не будет хорошего дня». Национальное достояние. Без него не обходится ни один завтрак: сладкий чай, оливки, брынза, нарезанные огурцы, помидоры и теплый кунжутный бублик.

...Рабочий день в пекарне начинается в четыре утра: ребята выпивают по стаканчику чая – и вперед. В шесть первая партия симитов должна появиться на прилавке. Вторую забирают уличные торговцы – с корзинами на головах ходят по району, выкрикивая: «Горячие симиты! Горячие симиты!» Чем громче кричишь, тем больше продашь.

Тесто замешивают с ночи. Сухие дрожжи, мука, подсолнечное масло, соль, сахар (не более столовой ложки) и вода. Оно должно быть крутым, гладким, не липким (по мере необходимости подсыпают муку). Самая важная часть рецепта – лепка симитов. Вот чему мне предстоит научиться, дочь.

Скучаю по нашей пекарне. Амир, спасибо ему, работает один, присматривает за мамой и Леоном. Оставил им свои сбережения, должно хватить на первое время.

Леон привыкает к новой жизни. Перестал сидеть у окна с видом на дорогу и, проходя мимо, отворачивается, словно не позволяет прошлому себя затянуть. Заколку Дарьи переложил из-под подушки в коробку с бижутерией Марии. Иногда достает, обнюхивает, кладет обратно.

Недавно исчезли игрушечные машинки Леона, обыскались. Обнаружили в мусорном ведре.

Мария обнимает Леона чаще обычного, даже если тот отталкивает; старается с ним общаться, даже если не отвечает.

«Никто не заменит ему маму. Я хочу быть Леону другом. Конечно, нужно много терпения и бодрости духа. Устаю. Лишние два часа ночного сна помогают восстановиться. По утрам Леон приходит ко мне под бочок, укрывшись одеялом, сворачивается клубком, щурится от удовольствия. Полежит немного и уходит обнимать Марса».

Дочь, твоя мама необыкновенная. Она многому меня научила, сама того не зная, – принимать, прощать и верить. Женщина-любовь.

Скучаю по тебе. Папа

8

Не трать бесценное время на то, что не про любовь

Досту,

Стамбул – город кошек. Они повсюду, начиная с берегов пролива и заканчивая крышами домов. К ним особое отношение. Жители Стамбула убеждены: кошки знают Бога. Поэтому, в отличие от собак, усатые не принимают людей за богов – живут сами по себе, а не с теми, кто их любит.

Работа в пекарне радует. Делаю успехи – научился лепить симиты. Кусочки теста ловко растягиваю в жгуты, скрепляю концы. Заготовки соприкасаются с кунжутом, словно льдинками покрываются, – в этот момент вспоминаю Город вечной зимы. Прошло две недели. Скучаю по дому. Пора обратно?

Не хватает Марии. Счастливо с ней, спокойно. Любовь – единственное стабильное чувство в изменчивом мире. Когда любишь, любое испытание преодолимо. Нашим отношениям немало лет, и я по-прежнему спешу обнять ее по утрам.

...После работы идем с Умидом выпить пива. Он переживает расставание с любимой. Она американка, дочь фермера из Айдахо. Импульсивная, ревнивая, честолюбивая. Наш парень вырос в другой атмосфере, где родители-филологи обращаются друг к другу на «вы», разговаривают полушепотом, вечерами слушают Чайковского.

«Я сам далеко не пример сдержанности, часто раздолбай и вообще, кажется, не сын своих предков. Но не могу принять, когда женщина управляет мужчиной... И люблю ее. Дико. От чего еще больнее». – «Ты хочешь быть счастливым или правым?» – спрашиваю. Берется за вторую кружку. «Первое». Подсаливаю чипсы в металлической пиале. «Тогда хватит выяснений. Обними ее, и возвращайтесь домой».

Дочь, есть обиды, которые подталкивают к росту, а есть те, что приводят к расставанию. Главное – не перетягивать одеяло, услышать суть. Она проста.

Захмелевший Умид жалуется на времена. «Сейчас люди добивают друг друга, вместо того чтобы поднимать. Мы перестали быть терпимыми, следить за тем, что произносим вслух. Все себе, побольше, почаще. Трудно смотреть на происходящее, хочется покрепче запереть двери, не впускать в дом чертов хаос. Как жить с закрытыми дверьми, когда вокруг еще столько красивого?.. Это период такой, отлив».

Отодвигаю от Умида третью кружку. «Парень, знаешь, в чем прелесть отливов? Когда волны уходят, открывается дно с ракушками. Своей обнажившейся красотой они делают мир лучше».

Жизнь – прекрасное путешествие. Глупо тратить бесценное время на то, что не про любовь.

Скучаю по тебе. Папа

9

Те, кто любил друг друга в этой жизни, непременно встретятся после

Досту,

дверь белого дома распахнута, вьюга отчаянно ее раскачивает. Город замело – ни души, океан укрыт серо-белым покрывалом. Под ботинками жижа. Приближаюсь к порогу, разуваюсь.

Я в прихожей. Слышу голос. Бархатный, глубокий, знакомый. Звучит песня. В комнате включен телевизор, сменяются черно-белые картинки. Элла Фицджеральд поет "Summertime"[1]. Наше любимое выступление, дочь. Шестьдесят восьмой год, Берлин, аккомпанирует Дональд Карсон[2]. "One of these mornings / You're goin' to rise up singing / Then you'll spread your wings / And you'll take to the sky"[3].

Мария в кресле. В свечении телевизора ее лицо выглядит бледным. В руках стопка писем. Конверты не

---

1 Летняя пора *(англ.)*. Авторы стихов А. Гершвин, Дж. Гершвин и Д. Хейворд.

2 Дональд «Ти» Карсон (1929–1984) – американский джазовый пианист.

3 «Однажды утром / Ты встанешь с песней. / Затем расправишь крылья / И улетишь на небо» *(англ.)*.

распечатаны. Подхожу ближе. Элла продолжает петь. “There’s a’nothing can harm you... So don’t you cry”[1].

Опускаюсь к маминым ногам, кладу голову на ее колени. Она роняет письма, и те с шелестом соскальзывают вниз, разлетаются по холодному полу. Мне никуда больше не хочется.

...Просыпаюсь в три утра, от тоски подмывает поскорее бежать. Опрометью, по узким переулкам, до вокзала, на поезд – до Города вечной зимы.

Не могу уехать, никого не предупредив.

Одеваюсь, иду вниз, на улицу.

Перед мечетью мужчина поливает каштановое дерево. Зачерпывает ведром воду из маленького бассейна, льет, чтобы напитать корни. Это Сулейман, двадцать лет служит в храме, отвечает за чистоту и порядок. Длинные седые волосы, загорелое лицо с глубокими, словно прорезанными бритвой, морщинами. Приехал из Тебриза после Исламской революции.

«По молодости любил рассуждать о жизни. Убеждения оказались не то чтобы ошибочными, но временны-

---

1 «Нет ничего, что может тебе навредить... Так не плачь!» *(пер. с англ. авт.)*. Слова из песни «Летняя пора» *(англ.)*. Авторы стихов А. Гершвин, Дж. Гершвин и Д. Хейворд.

ми, как все на земле. Кто говорит, что знает жизнь, либо не жил, либо мертв».

Мы одинаково чтим молчание. «Язык заслуживает тюрьмы больше, чем что-либо иное. Чем умничать, давай лучше польем саженцы и послушаем азан, вот-вот начнется».

Теперь я отчетливее ощущаю вечность жизни. Никто не умрет, и те, кто любил друг друга в одной жизни, непременно встретятся после. Тело, имя, национальность – все будет иным, но нас притянет магнитом: любовь связывает навсегда. А пока что я проживаю жизнь – люблю и, бывает, устаю от любви. Запоминаю мгновения, бережно храню в себе эту память, чтобы завтра или в следующей жизни обо всем написать.

Скучаю по тебе. Папа

10

В тебе цветет то, что ты поливаешь

Дочь,

по-прежнему просыпаюсь ни свет ни заря. Спускаюсь к Сулейману, он уже поливает каштан, моет двор мечети, протирает коврики, развешивает на заборе подсыхать.

Сулейман не покидает улицы, его дом – мечеть и комнатка на задней части двора с маленьким садом. «Мне советуют отправиться в центр города, мол, там столько нового. А я стою посреди своих цветущих роз, и мне хорошо. Не потерял интереса к жизни, а обрел его».

Помогаю товарищу мыть окна, приклеивать отлетевшую плитку. В перерывах между делами неспешно беседуем, пьем чай из стаканчиков в форме тюльпана под звуки пробуждающегося города. Никуда не спешить – еще одно удовольствие.

– Сулейман, у тебя бывают мысли, что жизнь проживаешь праздно, никчемно? Хотя оснований вроде и нет: любишь, и тебя любят, отдаешь, не думая, сколько получишь в ответ и получишь ли вообще, нового не боишься, готов учиться.

– Конечно, бывают. Сколько их ни гони, все лезут. Ты – в дверь, они – через щель в ставнях. Я смирился с ними, не обращаю внимания. В нас разрастается и цветет то, что мы поливаем. Что касается никчемности...

– ...жизнь человека всегда субъективна.

– Да. Одни стрижку газона сочтут праздностью, другие – служением.

– Согласен, Сулейман. Стараюсь верить в лучшее, пусть даже оно не в моей жизни. Чехов об этом писал век назад: «Жизнь на земле будет невообразимо прекрасной, изумительной. Человеку нужна такая жизнь, и если ее нет пока, то он должен предчувствовать ее, ждать, мечтать, готовиться к ней, он должен для этого видеть и знать больше, чем видели и знали его дед и отец».

– Прекрасно сказано. Я читал «Дядю Ваню» и «Чайку». Его пьесы – зеркало. Какой бы ни был за окном век, останутся те же маски, сменятся только герои. Удивительный мастер. Гений.

– Ты знаком с Чеховым?! Я думал, что он не очень-то подходит для мусульманской ментальности.

– Внутренняя миграция вне земного, вероисповедания в том числе. Читаешь про его героев, причитая «ах, какие люди...», полагая, что мы не такие. Черт возьми, такие! Так много всего предстоит с собой обсудить.

– Ни дня без открытий, Сулейман. Лучший девиз для живого человека.

Досту, если есть время, перечитай Чехова. Поделись мнением. Нам с Сулейманом интересно.

Скучаю по тебе. Папа

11

Передаю привет океану

Досту,

я вышел из пекарни следом за торговцами, пришедшими за корзиной с первой партией горячих симитов. Снял фартук, отряхнул от муки, повесил на крючок у двери и пошел на центральную площадь. Там сел под деревом, смотрел, как раскупают симиты, которые чуть больше часа назад слепил из пышного теста.

Торговцы закидывали бублики в бумажные пакеты, зерна кунжута осыпались на дно, я слышал, как они постукивают. Кто-то съедал симит на ходу, спеша на работу, другие неторопливо несли домой.

Счастье – видеть, как плоды твоего труда делают людей, пусть на мгновение, счастливее.

Из-под ног прохожих разлетались голуби, а я радовался и чувствовал бесконечную усталость. Словно много лет шел, не смыкая глаз, не веря, что дойду, и наконец – я тут. Теперь бы закрыть глаза и проспать вечность. А потом проснуться и продолжить путь до следующей точки.

В ту минуту, сидя на площади древнего Стамбула, я позволил себе ни о чем не думать. Получилось, Досту.

Когда корзину понесли за следующей партией симитов, я поднялся и медленным шагом пошел домой. Умид второй день остается у любимой, они помирились и вечером после работы поедут за щенком — выбрали в приюте, решили назвать Марго (в честь Château Margaux[1]).

Проспал до полудня нового дня. Ничего не снилось. Я погрузился в пространство абсолютного покоя, впервые за свои семьдесят лет.

— Сулейман, были у тебя в детстве придуманные друзья? Которых, кроме тебя, никто не видел, которые всегда с тобой заодно?

— Нет, приятель. Даже ребенком я знал, где выдумка, а где реальность. Выдуманное мне нравилось, если оно походило на жизнь.

— Интересно. Моя дочь Досту, когда плохо себя вела, говорила, что во всем виновата Вредная Досту.

— Ха-ха... Вы с ней ходили в театр?

— Конечно. Она любила взрослые постановки, «Чиполлино» и «Пеппи Длинныйчулок» ее не увлекали.

— Я тоже люблю театр. Чувственный, пронзительный, не шокирующий.

---

[1] Французское вино высшей категории.

– Еще бы! Шока в жизни и так достаточно, даже собственные мысли иногда поражают.

– Думающий человек – это прекрасно, но иногда мысли раздирают на части.

– Знакомо, Сулейман.

– Хочешь совет, приятель? Пусть они плещутся в голове. Не останавливай их. Просто наблюдай.

– Хорошая идея... Буду вспоминать наши предрассветные беседы.

– Уезжаешь?

– Да, Сулейман. Береги свой дом.

– А ты передавай привет океану. С удовольствием жил бы у его берега. Даст бог, в следующей жизни. Остаток этой проведу у мечети, рядом с каштаном.

* * *

Поезд отдаляется от Стамбула. Предстоит пересадка – и еще девять часов пути до дома.

Скучаю по тебе. Папа

12

Счастье требует труда. Оно не придет, пока ты отлеживаешься на диване

Досту,

за окнами поезда поблекли яркие краски, приближаемся к зиме. Проводники не справляются с наплывом пассажиров, в вагоне шумно. Одни ругаются друг с другом, другие выражают недовольство состоянием туалетов, остальные, зарядившись виски, горланят песни.

Тучная женщина из соседнего купе, то ли астролог, то ли ясновидящая, объясняет происходящее полнолунием – периодом повышенной эмоциональности. «Я давно поставила неутешительный прогноз человечеству. Ничто его не спасет, кроме краха».

Со мной в купе молодая пара. Красивые. Всю дорогу спорят, ничего не слышат, кроме своего конфликта. Даже себя.

Как я понял, парня зовут Джордж, он писатель. Она бросила любимую профессию, посвятила себя мужу и детям.

Он так поглощен собой, что не видит внешнего мира. Она – ранимая, вспыльчивая, растворившаяся в нем, от чего ей вдвойне больнее. Тот случай, когда любящие друг друга люди не могут быть вместе в силу разных взглядов на жизнь.

Почему нам что-то постоянно мешает выбирать счастье?..

Быть несчастливым несложно. Для этого не нужно искать причину, достаточно пойти за толпой, вечно недовольной и слишком заземленной. Станешь как большинство, которое только и делает, что выставляет миру претензии.

У несчастливой жизни один вкус – горький, вяжущий. Как у незрелого миндаля.

Всегда разное на вкус счастье требует труда. Оно не придет, пока отлеживаешься на диване, надо хотя бы встать, открыть дверь.

Проложить путь к счастью нелегко. Нет единого маршрута, всем подходящего трафарета. Обязательно будут ошибочно снятые мерки. Это нормально, таков процесс – не бросай на половине.

...В наушниках Майлс Дейвис[1] играет “How Deep Is the Ocean?”[2]. Что-то необыкновенное происходит в

---

[1] Майлс Дейвис (1926–1991) – американский джазовый трубач и бэнд-лидер.

[2] «Сколь глубок океан?» *(англ.)*. Автор стихов И. Берлин.

душе, когда слушаю его трубу. “How much do I love you? / I'll tell you no lie / How deep is the ocean? / How high is the sky?”[1]

Достаю из портмоне нашу с тобой, дочь, фотографию. Тебе пять лет, ты сидишь на моих плечах. На мне подаренный Марией темно-синий свитер, на левом запястье – отцовские часы с кожаным ремешком. С твоей правой ножки слетел ботинок, валяется на песке. За нами океан. Твоя первая встреча с ним, когда ты долго, не отрываясь, смотрела на волны. «Ни слова, ни писка второй час. Чудеса», – сказала тогда мама, очищая апельсин.

В тот момент твоя душа вспомнила то, что любила в прошлой жизни.

Скучаю по тебе. Папа

---

1 «Как сильно я люблю тебя? Отвечу без вранья: сколь глубок океан? Сколь высоко небо?» *(пер. с англ. авт.)*. Слова из песни «Сколь глубок океан», автор стихов И. Берлин.

13

Позволь грустным мыслям приходить и уходить. Не удерживай их

Досту,

мокрый снег закончился, за окном синяя ночь. Вагон стих, слышны только храп и прерывистый шепот молитвы. Женский голос: «...и не введи нас во искушение, но избави нас от лукавого».

Джордж и его жена вышли. Видимо, помирились и пьют вино в вагоне-ресторане.

Жду не дождусь приезда в Город вечной зимы. Спать не хочется. Слушаю "Almost blue" Бейкера[1]. Его музыка – чистейший свет, падающий из-за приоткрытой двери души. "Not all good things come to an end now, it is only a chosen few"[2].

Наливаю чай из термоса. На столике в такт перестуку колес дрожит полный стакан. Только бы не разлился. На всякий случай убираю в сумку магнитолу и книги.

---

1 Чет Бейкер (1929–1988) – американский джазовый музыкант, руководитель ансамбля.

2 «Не все хорошие вещи заканчиваются сейчас, только некоторые из лучших» *(пер. с англ. авт.)*. Автор стихов Э. Костелло.

Вдруг воспоминание: я на кухне дома своего детства. Скрипучие полы, старый буфет, грубо сработанный деревянный стол без скатерти. Бабушка Анна варит варенье из целых, но без косточек – вынутых незаметно! – абрикосов. При варке они становятся похожими на прозрачно-желтые марципаны.

Детство пахнет пенкой от варенья. Как я любил ее! Особенно когда застывала – намазывал на блины. Объеденье!

Анна накладывает на мою тарелку теплых блинов, собирает в пиалу пенку, наливает чай. Дую на стакан, чтобы быстрее остыл. Руками не касаюсь – один раз сильно обжегся. «Бабуль, горячо. Я боюсь...» Анна доливает холодной воды. «Малыш, позволь грустным мыслям приходить и уходить. Не удерживай их».

...Чай в термосе заканчивается. Надо заварить свежий. Иду за кипятком. В проходе встречаю ту самую ясновидящую – курит и читает книгу. На обложке череп с живыми глазами – «Гончая смерти» Агаты Кристи. Увидев меня, женщина тушит сигарету, преграждает мне дорогу. «И у Агаты не было иллюзий относительно нашего существования. “Мы идем сквозь жизнь, как поезд сквозь тьму, к неизвестному месту назначения”. Как же она права. Вы не боитесь тьмы? Давайте поболтаем».

Улыбнувшись, проскальзываю мимо. В середине вагона приходится задержаться – из купе выгружается дедушка с двумя внуками, им скоро выходить. Пока старик вытаскивает чемодан, мальчики складывают в коробку рассыпавшихся по полу солдатиков. Дедушка извиняется за неудобство, я прислоняюсь к окну, смотрю на детей. Чудесные белокурые ребята.

Выстраивая в ряд сумки, дед причитает. «У нас такого количества игрушек не было. Сейчас другое время, когда люди – марионетки эволюции, с изнуряющей жаждой большего». Пожалуй, соглашусь.

На рассвете прибываю в Город вечной зимы. Там меня ждут. Может, и ты тоже, дочь?..

Скучаю. Папа

14

Я тебя обниму, и мы поедем домой

Дочь,

я сходил с поезда, когда увидел тебя. Пальто цвета сливы, коричневый шарф. Ты стояла в гуще толпы на перроне, возилась с выдвижной ручкой чемодана. Мне не показалось. И это не сон.

Узнал бы тебя из миллиардов. Правда, ты немного изменилась: повзрослела, вытянулась, коротко подстриглась. Стала еще красивее.

Растолкав пассажиров, я спрыгнул с подножки. Бежал к тебе и думал: «Как же они с Марией похожи».

Господи, я знал, что ты вернешься, что все приключившееся с нами – больницы, слезы, расставания – сон.

Мария, мы не потеряли нашу девочку. Она вернулась. Встречай. Доставай хлеб, сыр, оливки, вино. Включай музыку. У нас праздник.

Вокруг гудки поездов, где-то звучит аккордеон, люди в теплой одежде, обложенные чемоданами, тюками.

Расступитесь, прошу вас, меня ждет дочь. Я ее обниму, и мы поедем домой. Она наверняка устала, замерзла.

Потерпи, Досту, скоро отогреемся, выпьем горячего чаю, к нему – печенье с малиновым джемом. Мы постоянно его пекли.

О многом поговорим. Не о разлуке, это в прошлом. Мы будем говорить о том, что есть, что ждет нас. Познакомишься с Леоном, Марсом, Матисом, Озгюром и, конечно же, увидишь океан. Представляю, как ты соскучилась.

Утром сходим в пекарню, испеку хрустящих кунжутных бубликов. Тебе понравятся. А еще передам неотправленные письма. В них наша жизнь с тобой, дочь.

Я приближаюсь и вижу россыпь веснушек на твоих щеках (они такие же, как в детстве). Еще несколько шагов – и обниму тебя. Захочу сказать «Добро пожаловать домой», но вряд ли смогу, ком в горле. Крепко тебя обниму, и боль в сердце, что все эти годы сжимала его кулаком, отпустит.

Досту, девочка моя. Я скучал. Скучал, скучал, скучал...

15

Боже, как много прекрасного нас ждет…

Дочь,

я потерял тебя из виду. Когда мне оставалась пара шагов, ты вдруг взяла чемодан и поспешила к выходу, слилась с толпой. Попытался окликнуть, в шуме перрона ты не услышала.

Побежал за тобой, искал тебя по всему вокзалу, спрашивал прохожих – ты исчезла так же резко, как появилась. Так долго ждал нашей встречи – и она сорвалась. Но я теперь знаю, что ты в Городе вечной зимы. Он не такой большой, найдемся.

Пока не буду ничего говорить Марии.

* * *

В доме никого. По радио поет Конни Фрэнсис свою "Who's sorry now"[1]. Сидящий на подоконнике Матис, увидев меня, прячется за диван. Снимаю туфли (промок-

---

[1] «Кому пришлось пожалеть» *(англ.)*. Авторы стихов Т. Снайдер, Б. Калмар и Г. Руби.

ли насквозь – и часа не выдержала стамбульская обувь в нашем климате), бросаю в мусорное ведро. Достаю из кладовой швабру, вытираю мокрые следы.

Пахнет тестом. Открываю дверцу шкафа, там корзинка печенья с малиновым джемом.

На кровати в спальне яркие книжки – перед дневным сном Леона Мария ему читает. В ногах наверняка лежал Марс, засопевший на первых страницах. Беру в руки игрушку Леона – серого ослика с глазами-пуговицами и желтыми копытами, прижимаюсь к нему лицом. Запах Леона похож на твой, когда ты была маленькой. Смесь карамельных конфет, внезапно нагрянувшей весны и белоснежной бумаги.

На кухонном столе стопка твоих, дочь, фотографий. Сверху мамины очки. Под последним снимком лист бумаги, мятый, местами оборванный. Письмо, которое ты написала в день своего четырнадцатилетия.

«Привет, папа и мама! Вы самые лучшие родители на свете, хотя я далеко не лучшая дочь (ха-ха). С ума сойти, вы женаты уже девятнадцать лет! Горжусь, что мои родители счастливы вместе. Даже если некоторые из ваших решений по поводу моей жизни кажутся мне провальными, все равно вас люблю. Прежде чем закончу, позвольте сказать еще одну вещь:

вы можете побеждать в наших спорах, но это не значит, что вы правы (ха-ха). Люблю. Д.».

Возвращаю письмо на место, под фотографию. Насыпаю корма в кошачью миску, надеваю старые ботинки и выхожу из дома. Предполагаю, где мои домашние: обычно в это время они у океана.

Приветствую Озгюра. Загляну-ка в бортовой журнал за мыслью-подсказкой. «Боже, как много прекрасного нас ждет...»

Океан сегодня неспокоен, но волны его вежливы, не агрессивны. Напоминают распахнутые объятия. Вон Мария в длинном шерстяном пальто, вокруг нарезают круги Леон с Марсом. У малыша (ты позволишь назвать его сыном?) шапка с желтым помпоном, руки раскинуты в стороны – изображает самолет.

В голове оживает песня Барбары[1] "Dis, quand reviendras-tu?". Ее часто напевает мама. "Au printemps, tu verras, je serai de retour / Le printemps, c'est joli pour se parler d'amour. / Nous irons voir ensemble les jardins refleuris"[2].

---

1 Моник Андре Серф (псевд. Барбара; 1930–1997) – французская актриса, автор и исполнитель песен.

2 «Весной, вот увидишь, я вернусь. Весной так приятно говорить о любви. Мы вместе отправимся смотреть на цветущие сады» *(пер. с франц. авт.)* (песня «Скажи, когда ты вернешься?»).

Леон с разбега бросается в объятия Марии. Смотрю на родных, и меня переполняет самое счастливое ощущение жизни: я — дома.

Досту, совсем скоро ты будешь с нами.

Скучаю. Папа

16

Никогда не поздно начать заново.
Ни в пятнадцать, ни в семьдесят пять

Досту,

как назло, наутро после нашего с тобой приезда разыгралась вьюга. Город захлестнул морозный ветер. Глаз не открыть, идти тяжело, волны набрасываются на берег, грозя его затопить.

Надеюсь, ты в тепле.

Продолжаю тебя искать. Обхожу гостиницы, пансионы, стучусь в двери там, где сдают комнаты. Таких немного, осталось заглянуть в три дома.

Марию тревожат мои отлучки в непогоду. Приходится врать, мол, задерживаюсь в пекарне, работаю за двоих, так как Амир поранил руку.

Дочь, сегодня я стоял на пересечении дорог, решал, по какой пойти. Над головой кружила, отчаянно противостоя ветру, чайка. Не сдавалась.

Вьюга сбивала с ног. Силы мои заканчивались. Укрылся за автобусной остановкой, плотнее намотал шарф, но ветер становился все настойчивее.

Я вдруг испугался. Того, что умру, не обняв тебя. Быстро успокоился. Смерти подвластно забрать человека навсегда, но она не может стереть память о нем.

Накануне по радио услышал, что в последние двести лет число самоубийств росло вместе с уровнем урбанизации и модернизации. Не понимаю тех, кто уходит по своему решению. Не хочу осуждать, но удивляюсь, как можно так поступить, когда вокруг столько причин жить?!

Я всегда хотел что-нибудь в мире изменить. Ничего глобального, но, если получится уменьшить страдания хотя бы одной души, значит, все не зря.

Уйти со словами «все бесполезно» кажется более легким выходом. Это заблуждение. Из последних сил надо выбраться из клетки, в которую сам себя запер.

Никогда не поздно начать заново. Ни в пятнадцать, ни в семьдесят пять.

* * *

Возвращаюсь домой поздно. Мария с Леоном спят. На кухонном столе рассыпаны твои фотографии, на этот раз школьной поры.

Говорят, в этом мире ни к чему привязываться нельзя. Не представляю, у кого так получается. Но знаю, что у каждого есть человек, который поймет и простит, поддержит в трудную минуту, будет любить, каким бы ты ни был. Который ждет тебя.

Мама скучает по тебе.

17

Ходим одними дорогами, никак не встретимся

Досту,

не могу тебя найти. Ходим одними дорогами, никак не встретимся.

Вчера девушка на стойке регистрации одной из гостиниц сказала, что накануне к ним заходила иностранка в пальто сливового цвета.

Показал ей твою фотографию. «Похожа, но не поручусь. Ее не устроила цена. Искала отель поближе к океану. Жаль, я не смогла сделать ей скидку, руководство не разрешает». Это была ты, дочь. Узнал тебя по желанию быть ближе к океану даже в бурю.

На рассвете пошел в пекарню, суббота – покупателей будет много. Амир с трудом справлялся, хоть и молчал. После работы вернусь к поискам.

Два раза в неделю, в выходные, готовлю булочки на взбитых белках. Под тонкой хрустящей корочкой кроется воздушная мякоть.

Накануне приготовил их Леону. Малыш слопал три подряд и сказал, что они похожи на облака. Маме тоже понравились. «Леон, помнишь стихотворение, которое с тобой учили? Про облака. “Скалистые горы, где спят облака, / Где в юности ранней резвится река, / Где в поисках корма сквозь вереск густой / Птенцов перепелка ведет за собой”[1].

Леон с трудом, но повторяет одновременно с Марией. Они вместе, шаг за шагом, двигаются к новым достижениям.

Хотим усыновить мальчика. Предстоит бумажная волокита. Попытались связаться с отцом Леона, тот бросил трубку, как только я объяснил ситуацию.

...Для булочек взбиваю белки до пышной пены. К ним по частям ввожу смесь из разведенных в теплой воде дрожжей, муки и растительного масла. Вымешиваю тесто, формирую небольшие шарики. Смазываю верх желтком.

Обязательное условие: перед выпеканием булочек внутренние стенки печи надо сбрызнуть водой.

Когда ты будешь дома, к завтраку обязательно испеку такие булочки. С ними отлично сочетается печеночный

---

1 Стихотворение шотландского поэта Роберта Бернса в переводе С. Маршака.

паштет – язык проглотишь! Может, и ты захочешь научиться их печь. Примерный рецепт я тебе написал, осталась практика.

Закончил работу. По традиции начисто вытираю витрину, тушу огонь в печи, отряхиваю фартук (крупинки муки снежинками оседают на коричневой плитке), переодеваюсь. Тесто для булочек готово, на рассвете вернусь их выпекать. Они украсят воскресный завтрак: горячими попадут на столы наших жителей, их помажут сливочным маслом с медом или обмакнут в желток глазуньи.

Выходя из пекарни, собираюсь выключить радио, но замираю. Замечательная песня “I say a little prayer” Ареты Франклин, королевы соула. Слова, точно выражающие мысли. “Forever, and ever, you'll stay in my heart. / And I will love you / Forever, and ever, we never will part”[1].

Дочь, на завтра обещали спокойную погоду. Вьюга уходит.

Скучаю. Папа

---

[1] «Ныне и присно ты навсегда в моем сердце. И я буду любить тебя ныне и присно. Мы никогда не разлучимся» *(пер. с англ. авт.)*. Авторы стихов Б. Бакарак, Х. Дэвид.

18

Ты найдешь счастье тогда, когда прекратишь поиски

Досту,

утро я встретил у океана. Отпустил с поводка Марса, сел на перевернутую лодку, смотрел на воду. Штиль.

Перед выходом из дома заглянул в бортовой журнал. «Не бойся даже самого далекого горизонта». Почистил заснеженную палубу Озгюра и пошел на берег. Сегодня ни одна мысль не отзывается во мне вдохновением.

Неужели не найду тебя? Неужели я обознался?

Марс, подцепив рыбацкую сеть, рыча, носится с ней по берегу. Бас проплывающего на горизонте корабля, запах водорослей и ощущение неправдоподобного простора. Вода приветливо поблескивает на выглянувшем солнце.

У океана глубокий взгляд, кого-то он пугает, а мне видится дружеским. Океан превосходит все ожидания. Каким бы ты его ни представлял, он оказывается иным и никогда себя не повторяет.

Марс бросает игрушку, спешит кому-то навстречу. Оборачиваюсь. Амир. Друг сворачивает с дороги с двумя бумажными пакетами в руках. «Подумал, что если ты не в пекарне, то здесь. Держи – горячий круассан. Твой с малиновым джемом. Своим, сырным, я поделюсь с этим симпатягой». Не успевает Амир вытащить круассан, как пес, подпрыгнув, хватает его и уносит за лодку.

«Когда смотрю на океан, все мои переживания кажутся незначительными и временными, – Амир садится на соседнюю лодку, снимает шапку, сжимает ее в правой руке. – А еще океан как любовь. Надо обязательно нырнуть, чтобы почувствовать эту красоту. Прежним уже не выплывешь. Мы с женой как-то ездили на южный берег, там у них бывает лето, можно искупаться. Дно – сокровищница, глаз не оторвать».

Да, так и есть. Океан, как душа думающего человека, всегда волнуется: либо на глубине, оставаясь невидимым, либо снаружи, выплескивая чувства.

Марс, слопав угощение, подбегает, трется головой о мой ботинок. Это значит: вытри меня, я в крошках. Пес терпеть не может грязную морду. На такой случай у нас с Марией всегда в карманах салфетки.

...Между мной и Амиром пустое пространство, в нем вижу тебя, дочь. Ты тоже сидишь на перевернутой лодке.

Пальто сливового цвета, пояс развязался и одним концом подметает влажный песок. В твоих руках прозрачный пакетик с шоколадными трюфелями.

Солнечные лучи ложатся на твое лицо, ты жмуришься, чуть поднимаешь голову. Не пойми откуда появляются стрекозы, машут крыльям, издавая громкий стрекот, будто их поймали и держат в сомкнутых ладонях. Достаешь трюфель. Протягиваешь мне. Спасибо, я еще круассан не доел. Поворачиваешься к Амиру, предлагаешь конфету ему. Увлеченный воспоминаниями о подводном мире, он не реагирует. Кладешь трюфель в рот. Улыбаешься. На тонких пальцах шоколадные кляксы.

Смотрю на тебя, и время со всем происходящим в нем отслаивается от нас, словно мы одновременно и здесь и не здесь.

Мы находим счастье в момент, когда прекращаем поиски.

Скучаю. Папа

19

Обязательно настанет день, когда мы снова сфотографируемся всей семьей

Досту,

когда я проснулся, Мария уже была на кухне. Ждала меня. На столе горячий чай, хлеб, омлет и помидоры с белым сыром. «Доброе утро! Поешь перед выходом». Садится напротив. Озадачена.

По радио передают "La Bohème". Мы с мамой танцевали под эту песню на двадцать пятую годовщину свадьбы, помнишь? Она напоминает нам Париж – первое совместное путешествие. "Montmartre en ce temps-là accrochait ses lilas, jusque sous nos fenêtres"[1]. Манящий город, легкомысленный и полный соблазнов, особенно по весне.

Мария дожидается, пока я поем. Предлагает измерить давление. Отказываюсь, хотя с ночи чувствую себя неважно (застудился у океана?). Она почувствовала. Сердится.

---

1 «На Монмартре в то время цвела сирень, прямо под нашими окнами» *(пер. с франц. авт.)*. Автор и исполнитель Ш. Азнавур.

«Тебя тут нет. С тех пор как вернулся из Стамбула. Дома почти не бываешь, мечешься, не спишь ночами, нормально не ешь. Вчера была годовщина нашей свадьбы. Позавчера Леон выучил детскую песню на французском, спел без запинок – это для нас победа. Четыре дня назад соседка Адель приходила за Матисом, они сразу поладили. В прошлую субботу был день рождения Умида, я написала ему письмо. Ты, кажется, забыл – и это, и все предыдущее. Что-то происходит, не говоришь».

Молчу. Мама права. Я действительно выпал из жизни дома. Если бы она знала причину, она бы поняла. И рассердилась бы еще больше, что скрывал.

Выхожу из кухни в комнату Леона, он спит в обнимку с осликом. На коврике у двери сопит Марс. Услышав мои шаги, пес, не открывая глаз, виляет хвостом. Сажусь на край кровати сына. За окном сыплет снег, дома тепло, из кухни доносится хруст нарезаемого хлеба (мама делает тосты для Леона, вот-вот должен проснуться). Мне очень хочется никуда не ходить, провести день дома. Не могу. Вдруг ты где-то рядом и ждешь меня?

Нагибаюсь, целую Леона в ножку. Он подарил нам новую жизнь.

В комнату входит Мария. Садится рядом, обнимает меня со спины. «Прости, не сдержалась».

Обязательно настанет день, когда мы снова сфотографируемся всей семьей.

Скучаю. Папа

20

Не бойся искать дорогу к себе настоящему

Досту,

сегодня по пекарне разносится необыкновенный аромат – летний, мягкий, с зеленой нотой. Это Салех привез нам целый мешок вяленых помидоров.

Куда их только не добавляют, дочь! И в бутерброды (с мягким козьим сыром – идеально), и в различные салаты, и в горячие овощные блюда, и в омлет. Только вначале вяленые томаты следует опустить в кипящую воду с уксусом, чтобы смягчились. Еще их заливают смесью чуть подогретого оливкового масла, трав и чеснока. Денек постояли в банке – и можно есть.

Решили приготовить с ними хлеб. К часу дня выставим на прилавок первые буханки. Экспериментируем, чтобы хлеб получился как можно вкуснее. Я предложил добавить в него мелко нарезанный репчатый лук, до золотистого оттенка обжаренный на сливочном масле. Амир вмешал в тесто немного пюре из свежих томатов.

Томатный хлеб расхватали за полчаса, едва успел отложить буханку Марии с Леоном. После работы пригласили Салеха. Накрыли на стол – хлеб, сыр, вино. В печи тлели угли, запах жареного лука еще не выветрился, радио пело голосом Джонни Мэтиса. Удивительный тембр, обволакивающий. “Perhaps the glow of love will grow / With every passing day / Or we may never meet again”[1].

Беседовали о самом простом. О том, что в пекарне пора строить вторую печь; о том, какое окрыляющее ощущение – случайно встретить запах из детства; что не оглядываться назад способны только герои либо идиоты.

Возвращался домой, думая о том, как важно быть честным с собой. Только так можно понять, куда двигаться. Честность делает эмоции прозрачнее – лучше слышишь сердце. Мы часто жалеем себя, оправдываем, сравниваем – и сбиваемся с пути, проживая не свою жизнь. Не надо бояться искать дорогу к себе настоящему, отвечать за свой выбор, не надо сваливать ответственность за полученный результат на страну, людей или придуманную «особость».

Скучаю. Папа

---

1 «Возможно, наша любовь будет сиять все сильнее с каждым днем. А может быть, мы уже не встретимся вновь» *(пер. с англ. авт.)*. Слова из песни “It’s not for me to say”. Авторы стихов Р. Аллен, А. Стилман.

21

Может, ты там?

Досту,

двое суток был в бреду. Температура сорок, кашель. Почти ничего не помню, только обрывки. Лысый парень с фонендоскопом, Мария, протирающая мне лицо прохладным полотенцем, шершавый язык Марса, лижущего мою руку, желание встать. Не получалось – проваливался в полудрему.

Повторяющийся сон, мутная картинка. Вижу тебя, дочь, у океана. В том же пальто сливового цвета. Я на расстоянии двадцати шагов. Хочу подойти – не выходит. Ноги не слушаются.

В твоих руках письма. Конверты распечатаны, из некоторых выглядывают исписанные листы, мой почерк. Смотришь на меня. Одной рукой прижимаешь письма к груди, другой заправляешь за ухо рыжую прядь.

Зову тебя, но голоса нет, воздух застревает на подходе к связкам. Будто нервные окончания отмирают одно за другим. Скоро перестану видеть, слышать тебя.

Небрежно рассовываешь письма по карманам пальто, отворачиваешься и заходишь в воду. Полный штиль, морозно. Вода уже по пояс. Поднимается выше, вот-вот покроет плечи. Я пытаюсь кричать – бесполезно.

Океан поглощает тебя. Водная гладь в считаные секунды разравнивается. Будто тебя и не было.

Просыпаюсь. Надо мной склонилась Мария, я дома. Какое счастье, что это был сон.

* * *

...Утром третьего дня болезни смог встать. Сначала шатало, чуть не упал на заставленную лекарствами тумбочку. Дышать тяжело. Дома никого. Видимо, Мария с Леоном выгуливают Марса. Надел брюки, свитер, набросил куртку, обулся и вышел из дома. На улице щедрое солнце, снег местами подтаял. Впервые вижу такое тепло в Городе вечной зимы.

Не могу отлеживаться, зная, что мы с тобой в одном городе. Ты наверняка меня ищешь.

Иду к домам, в которых останавливаются приезжие. Может, ты там?

На центральной площади, кажется, собрался весь город, люди радуются выглянувшему солнцу и выходному дню. Низко летают чайки, угощаясь подачками отдыхающих. В палатках варят глинтвейн, крутят сладкую вату, пекут блины. Звучит музыка – снова аккордеон, как в тот день, на вокзале.

Во мне живет предчувствие.

Перед пансионом «Морские часы», на спонтанно созданной летней веранде, несколько десятков человек. Пьют кофе, играют на гитаре, танцуют. Прохожу мимо столиков, осматриваюсь. За одним из них, у самого края, – девушка с короткой стрижкой. Лица не вижу – она ко мне спиной. Пальто цвета сливы, шарф, рядом чемодан... Досту!

Ты одна, на столике чайник, чашка и печенье с красной начинкой. Открываешь конверт с письмом.

Ускоряю шаг. После болезни чувствую слабость, кружится голова, от волнения шумит в ушах. Опускаюсь за свободный столик: отдохнуть, не торопиться, насмотреться на тебя, написать письмо.

Еще несколько минут, и я подойду к тебе сзади и положу руку на плечо. Ты обернешься.

Эпилог

А ты в кругу лучись –
Другого счастья нет,
И у звезды учись
Тому, что значит свет.

Осип Мандельштам

Здравствуй, дорогой Амир!

Пишу из поезда, еще трое суток пути. Как доедем до Стамбула, отправлю тебе это письмо.

Хочу тебя поблагодарить. За помощь, особенно в тяжелые месяцы.

Судьба отняла у меня семью, по кусочкам. Не злюсь на нее. Может, и странно. Человек должен сохранять уважение к своей жизни, какой бы она ни была. Оно начинается с откровенного разговора с собой – без лжи и честолюбия.

Детство мое пришлось на военные годы. Слезы, голод, смерть. Помню, я выбегала на полуразрушенную улицу, смотрела на склонившуюся над домом сосну, словно оберегающую его жителей (и как ее не срубили на дрова?!), и думала: как красива жизнь. Красоты в ней больше, чем боли. Никогда не забуду сосновый аромат – смолистый, горьковатый, прохладный.

Отец не вернулся с фронта. Мама работала медсестрой, я ходила в школу. В старших классах подрабатывала после уроков на ткацкой фабрике, получала гроши, но и это были для нас деньги. Хотелось помочь маме. Она уставала, ночами плакала. Я знала, что у меня любви к жизни больше, чем у мамы, значит, и сил тоже.

Мама надломилась после смерти отца. Любила его до безумия. Плача, причитала: «Почему у меня так случилось?» Я не знала, что ответить, мне было больно за маму и обидно, что мое присутствие не облегчало ее страданий.

Я старалась радовать маму до ее последней минуты. Но перед тем как навсегда закрыть глаза, она задала все тот же вопрос: «Почему у меня так случилось?»

Я выросла, и у Чехова мне встретились важные строки: «...если бы начать жизнь снова, притом сознательно? Если бы одна жизнь, которая уже прожита, была, как говорится, начерно, другая – начисто! Тогда каждый из нас, я думаю, постарался бы прежде всего не повторять самого себя, по крайней мере создал бы для себя иную обстановку жизни».

Если бы маме дали вторую попытку, как бы она прожила? Хочется верить, счастливо. Без вражды с тем, что идет навстречу.

Амир, покидая Город вечной зимы, я думаю о прошедшем, оно открывается мне глубже.

Ганс и Досту – одно целое. Пуповина, которую не перережешь. Они не смогли по отдельности, в разных мирах.

Миром для Досту был ее отец. Будучи крохой, она успокаивалась в его объятиях, не засыпала без папиной сказки. Эта связь делала меня счастливее: наш ребенок рос в любви – в главном, что могут дать родители.

Потом мы ее потеряли. Болезнь крови. Похоронили дочь у океана, в том городе, где она впервые его увидела. Однажды Досту спросили, кого она любит больше всего. Она ответила со всей серьезностью: «Океан, папу и маму. А еще печенье с малиновым джемом».

На самом деле Ганса не стало в день, когда умерла Досту. Он любил жизнь и был примером любви для нее. Поэтому продолжал путь.

Перечитываю его письма. Плачу. Ганс видел все иначе. С детской непосредственностью, без боязни задавать вопросы и искать на них ответы. С умением приходить через ошибки к открытиям.

Он не верил, что в этом мире его дочери больше нет. Его сердце остановилось, когда он обознался. Та девушка отвезла Ганса в больницу…

Перед отъездом мы с Леоном пришли на берег, к перевернутым лодкам. Я вспоминала прогулки с мужем: как по рисунку волн мы угадывали настроение океана, как спасали замерзшие ракушки из-под снега, отогревая их в ладонях, как я читала ему книги о видах метелей, а он отвечал, что, когда ветер дует на раны, они заживают скорее.

Когда думаю, что Ганс и Досту сейчас вместе, мне спокойно. Между ними больше нет расстояний. Нет тоски, боли, земных законов времени. Они рядом со мной. Как и я, идут вдоль берега, но их не увидишь глазами. Только сердцем.

Умид нас ждет, уже подобрал квартиру недалеко от своей. Район называется Кадыкёй. Написал, что окна выходят на каштановое дерево и мечеть. Денег нам хватит: семья, купившая белый дом, так влюбилась в него, что не стала торговаться.

Мне будет не хватать Марса и Озгюра, но я спокойна, что ты о них заботишься. За Марсом я еще вернусь.

Спасибо за все, друг.

Мария

И еще. Я счастлива, что пекарня теперь зовется в честь нашего любимого человека.

Музыка,
прозвучавшая в этой истории

1. Tony Bennett – Life Is Beautiful
2. Frank Sinatra – It's Impossible
3. Ella Mae Morse – Cow Cow Boogie
4. Johnny Mathis – It's Not For Me To Say
5. Charles Aznavour – La Bohème
6. Bob Dylan – Blowin' In The Wind
7. Woody Guthrie – I Ain't Got No Home
8. Barbara – Dis, Quand Reviendras-Tu?
9. Woody Guthrie – Ship In The Sky
10. The Delta Rhythm Boys – Don't Knock It
11. Connie Francis – Lipstick On Your Collar
12. Ella Fitzgerald – Summertime
13. Miles Davis – How Deep Is The Ocean?
14. Chet Baker – Almost Blue
15. Aretha Franklin – I say A Little Prayer
16. Connie Francis – Who's Sorry Now

Эльчин Сафарли — волонтёр
Фонда помощи бездомным животным «Сильная Лара».
На фото он с Рейной. Эта некогда бездомная собака,
парализованная от выстрела неизвестного,
теперь живет в фонде. Мы верим, что совсем скоро
наступит день, когда наша любимица обретёт дом.

ФОНД СИЛЬНАЯ ЛАРА

Отправьте
ЛАРА 100*
на короткий номер
3434

* 100 — сумма добровольного пожертвования в Фонд помощи бездомным животным «Сильная Лара»

www.silnayalara.dog
www.vk.com/silnayalara
https://www.instagram.com/all_in_love_/

Вы когда-нибудь замечали, что город – как любимый человек? Он слышит тебя, заботится о тебе, делится с тобой, и ты отдаешь ему то, что у тебя есть, не задумываясь, больше или меньше. И с городом этим, как с любимым человеком, у тебя отношения. Со взлетами, спадами и, случается, разочарованиями. Контрасты. Но какими бы они ни были, намного важнее то, что на глубине, под переменчивым течением моря.

ТАМ ЛЮБОВЬ.

Литературно-художественное издание

16+

Бестселлеры Эльчина Сафарли

Эльчин Сафарли

КОГДА Я ВЕРНУСЬ, БУДЬ ДОМА

Роман

Издан в авторской редакции

Редакционно-издательская группа «Жанровая литература»

Зав. группой *М. Сергеева*
Руководитель направления *Л. Захарова*
Ответственный редактор *Ю. Надточей*
Редактор *О. Ярикова*
Корректор *Н. Хромова*

Подписано в печать 08.11.2018 г. Формат 76×108 $^{1}/_{32}$.
Усл. печ. л. 13,68. Доп. тираж 20 000 экз. Заказ № 4230.

Общероссийский классификатор продукции
ОК-034-2014 (КПЕС 2008); 58.11.1 – книги, брошюры печатные

Произведено в Российской Федерации
Изготовлено в 2018 г.
Изготовитель: ООО «Издательство АСТ»

ООО «Издательство АСТ»
129085, г. Москва, Звёздный бульвар, дом 21, строение 1, комната 705, пом. I, 7 этаж.
Наш электронный адрес: **www.ast.ru**
E-mail: zhanry@ast.ru

«Баспа Аста» деген ООО
129085, Мәскеу қ., Звёздный бульвары, 21-үй, 1-құрылыс, 705-бөлме, I жай, 7-қабат.
Біздің электрондық мекенжайымыз: www.ast.ru
E-mail: zhanry@ast.ru

Интернет-магазин: www.book24.kz
Интернет-дүкен: www.book24.kz
Импортёр в Республику Казахстан ТОО «РДЦ-Алматы».
Қазақстан Республикасындағы импорттаушы «РДЦ-Алматы» ЖШС.
Дистрибьютор и представитель по приему претензий на продукцию в Республике Казахстан:
ТОО «РДЦ-Алматы»

Қазақстан Республикасында дистрибьютор
және өнім бойынша арыз-талаптарды қабылдаушының
өкілі «РДЦ-Алматы» ЖШС, Алматы қ., Домбровский көш., 3«а», литер Б, офис 1.
Тел.: 8(727) 2 51 59 89,90,91,92
Факс: 8 (727) 251 58 12, вн. 107; E-mail: RDC-Almaty@eksmo.kz
Өнімнің жарамдылық мерзімі шектелмеген.

Өндірген мемлекет: Ресей
Сертификация қарастырылмаған

Отпечатано в ООО «Тульская типография».
300026, г. Тула, пр. Ленина, 109.